YOUNG ACADEMICS

Geschichtswissenschaft | 2

Elisa Mariélle Herzig

Deutsche Flüchtlinge aus Ostpreußen in Dänemark 1945–1949

Mit einem Vorwort von Prof. em. Dr. Dr. h.c. Jens E. Olesen

Tectum Verlag

Elisa Mariélle Herzig
Deutsche Flüchtlinge aus Ostpreußen in Dänemark 1945–1949

© Tectum Verlag – ein Verlag in der Nomos Verlagsgesellschaft, Baden-Baden 2023
ISBN 978-3-8288-4913-6
ePDF 978-3-8288-5042-2
ePub 978-3-8288-5043-9

ISSN: 2940-9543

Young Academics: Geschichtswissenschaft; Bd. 2

DOI: https://doi.org/10.5771/9783828850422

Gesamtverantwortung für Druck und Herstellung
bei der Nomos Verlagsgesellschaft mbH & Co. KG

Onlineversion
Tectum eLibrary

Printed in Germany

Alle Rechte vorbehalten

Besuchen Sie uns im Internet
www.tectum-verlag.de

Bibliografische Informationen der Deutschen Nationalbibliothek
Die Deutsche Nationalbibliothek verzeichnet diese Publikation in der
Deutschen Nationalbibliografie; detaillierte bibliografische Angaben
sind im Internet über http://dnb.d-nb.de abrufbar.

Dieses Werk ist lizenziert unter einer Creative Commons Namensnennung
– Nicht kommerziell – Keine Bearbeitungen 4.0 International Lizenz.

Vorwort

Ostpreußen wurde in den ersten Jahren des II. Weltkriegs nur wenig von den Kriegsereignissen berührt, aber dies sollte sich bald ändern. Die Rote Armee eröffnete im Sommer 1944 ihre Sommeroffensive und stieß über das Memel-Land erstmals auf deutsches Territorium vor. Es gelang der Wehrmacht, die sowjetischen Truppen zurückzudrängen, aber Anfang des neuen Jahres folgten neue heftige russische Angriffe, und Ostpreußen wurde bald überrannt. Ein Großteil der Bevölkerung machte sich auf dem Weg in den Westen. Nur wenige Tage nach Beginn der sowjetischen Winteroffensive im Januar 1945 gab es für die Ostpreußen keinen Fluchtweg mehr über Land, und alle Bahn- und Straßenverbindungen waren unterbrochen.

Das Bild von endlosen Trecks über die Nehrung und das Frische Haff im harten Kriegswinter steht noch heute als Sinnbild für die Massenflucht aus Ostpreußen. Dazu kam eine groß organisierte Rettungsaktion zu See, die Flüchtlinge und verwundete Soldaten beispielsweise nach Saßnitz, Stralsund, Wismar, Kiel und Flensburg brachte. Mehrere Schiffe wurden durch sowjetische U-Boote versenkt, u.a. „Wilhelm Gustloff," „General von Steuben" und „Goya". Trotz großer Verluste wurden etwa 2,5 Millionen Menschen, Flüchtlinge und verwundete Soldaten über die Ostsee evakuiert.

Auch nach Dänemark gelangten viele Flüchtlinge mit dem Schiff oder mit der Bahn von den Ostseehäfen nach Jütland. Die ersten Flüchtlinge und verwundete Soldaten kamen am 11. Februar 1945 im Hafen von Kopenhagen an und wurden von der Wehrmacht versorgt. Bald wurden Schulen und andere Gebäude beschlagnahmt, um den vielen neuangekommenen Flüchtlingen ein Dach über dem Kopf zu verschaffen. Zu Kriegsende Anfang Mai 1945 hielten sich etwa 750.000 Flüchtlinge und Wehrmachtssoldaten in Dänemark auf. Die meisten kehrten bald nach Deutschland zurück, aber ca. 250.000 Flüchtlinge, vor allem Frauen, alte Männer, Kinder und kranke aus Ostpreußen lebten in den nächsten Jahren in dänischen Flüchtlingslagern. Die letzten Flüchtlinge haben Dänemark im Februar 1949 verlassen.

Die vorliegende Publikation untersucht auf der Grundlage von mehreren ungedruckten Quellen, Berichten und Forschungsliteratur die Lebensumstände der deutschen Flüchtlinge aus Ostpreußen in Dänemark. Besonders die Grundbedürfnisse stehen im Zentrum der Arbeit, die Versorgung mit Lebensmitteln, Bereitstellung von Unterkünften und Kleidung sowie die Vorbeugung von Krankheiten. Weiter wurde untersucht, ob und wie die Flüchtlinge auf ihr späteres Leben vorbereitet wurden.

Es ist der Verfasserin Elisa Herzig gelungen, das oft in der deutschen Forschung vergessende Thema „Deutsche Flüchtlinge in Dänemark" umfassend und instruktiv darzustellen und die wichtigsten Aspekte des Flüchtlingslebens herauszuarbeiten. Die Arbeit umfasst nicht nur die Lebensumstände der Flüchtlinge, sondern stellt die Flucht aus Ostpreußen am Kriegsende und den Weg der Flüchtlinge nach Dänemark als Vorgeschichte dar. Weiter wurde die Wahrnehmung der Flüchtlinge in Dänemark diskutiert, u.a. die offiziellen Reaktionen und die Meinungen in der Presse. Die Organisation und Verwaltung der Flüchtlingslager sowie die Grundversorgung wurden darüber hinaus analysiert. Ebenso Gesundheit und Hygiene. Die zentrale Frage der Kindersterblichkeit wurde dabei nicht vergessen. Abschließend wurden die Bildungsarbeit und die Beschäftigung der Flüchtlinge untersucht.

Die Publikation verdeutlicht ein wichtiges Kapitel in den neueren Deutsch-Dänischen-Relationen und dokumentiert, dass die Grundversorgung der Flüchtlinge von dänischer Seite in Form von Nahrung, Wohnverhältnissen und Kleidung im Großem und Ganzen zufriedenstellend war. Das Buch liefert einen wichtigen Beitrag zu der Forschungsdiskussion hinsichtlich der deutschen Flüchtlinge in Dänemark 1945–49 sowie zu den noch heute hoch relevanten Themen Flucht und Vertreibung und deren Begrifflichkeit.

Mit einem Vorwort von Prof. em. Dr. Dr. h.c. Jens E. Olesen
Greifswald, August 2023

Inhaltsverzeichnis

I Einleitung 1

    1. Flucht und Vertreibung als historisches Phänomen 1

    2. Flucht aus Ostpreußen nach Dänemark – Forschungsstand 3

    3. Eigene Forschungsfrage 4

    4. Methodik 5

II Kriegsende und Flucht 11

    1. Der Kampf um Ostpreußen 11

    2. Die Flucht 18

    3. Rettungsaktion über die Ostsee – der Weg nach Dänemark 23

III Wahrnehmung in Dänemark 31

    1. Dänemark im Zweiten Weltkrieg 31

    2. Die Unterbringung deutscher Flüchtlinge vor der Kapitulation 34

    3. Offizielle Reaktionen 36

    4. Die Haltung des dänischen Volkes und die Widerspiegelung in der Presse 38

IV Deutsche Flüchtlinge unter dänischer Obhut 43

    1. Organisation und Verwaltung 43

    2. Grundversorgung 48

        2.1 Essen 48

        2.2 Wohnverhältnisse und Bekleidung 58

    3. Gesundheit und Hygiene 65

        3.1 Organisation und Vorgeschichte 65

        3.2 Kirsten Lylloff und ihre Kritik an der dänischen Ärzteschaft 71

4. Bildungsarbeit und Beschäftigung 76
    4.1 Organisation 77
    4.2 Tätigkeiten 84

V Zusammenfassung der Ergebnisse und Ausblick 93

Quellen- und Literaturverzeichnis 99

Anhang 103

I Einleitung

1. Flucht und Vertreibung als historisches Phänomen

Flucht und Vertreibung sind keine Phänomene des 20. Jahrhunderts. Vielmehr hat es seit Beginn der Menschheitsgeschichte immer wieder Zwangswanderungen[1] in vielfältiger Form gegeben.[2] Das 20. Jahrhundert gilt als das Jahrhundert der Vertreibungen, da unter anderem aufgrund der beiden Weltkriege Zwangswanderungen von einem beispiellosen Ausmaß in ganz Europa stattgefunden haben.[3] 50 bis 70 Millionen Menschen waren in diesem Zusammenhang von Zwangswanderungen betroffen. Die deutschen Opfer von Flucht und Vertreibung stellen einen Teil dieser 50 bis 70 Millionen dar.[4] Nach dem Zweiten Weltkrieg verlor das ehemalige Deutsche Reich das Gebiet östlich der Flüsse Oder und Neiße, wozu auch Ostpreußen gehörte. In dieser Arbeit bildet die Flucht der Menschen aus Ostpreußen nach Dänemark den Ausgangspunkt, da die Mehrzahl der später in Dänemark Internierten aus Ostpreußen stammte.

---

1 Dieser Begriff stammt von der Verfasserin und wird bis zur näheren Definition von „Flucht" und „Vertreibung" als Überbegriff verwendet.
2 Wehler, Hans Ulrich: Einleitung, in: Aust, Stefan, Burgdorff, Stephan (Hg.), Die Flucht, München 2005, S. 9. Vorwort, in: Ehemaliges Bundesministerium für Vertriebene, Flüchtlinge und Kriegsgeschädigte (HG.), Die Vertreibung der deutschen Bevölkerung aus den Gebieten östlich der Oder-Neiße, Band I, Augsburg 1993, S. 1–4. Beispielsweise waren durch die Religionskriege im 16. und 17. Jahrhundert Tausende von Menschen vertrieben worden. In der Antike war es eine geradezu übliche Siegerpraxis gewesen und im Mittelalter gab es Kollektivvertreibungen von Juden aus Spanien oder Portugal. Nach Hans Lemberg umfassen die Begrifflichkeiten „Flucht und Vertreibung" sogar sechs verschiedene Bereiche: Vertragsumsiedlungen, Zwangsarbeit, Lager, Flucht, wilde Vertreibungen und Zwangsaussiedelungen.
3 Faulenbach, Bernd, Helle, Andreas (Hg.), Zwangsmigration in Europa. Zur wissenschaftlichen und politischen Auseinandersetzung um die Vertreibung der Deutschen aus dem Osten, Essen 2005, S. 11.
4 Ebenda.

In der bisherigen Fachliteratur mangelt es an fest definierten Begrifflichkeiten und oftmals werden die Bezeichnungen „Flucht" und „Vertreibung" und in Folge dessen auch „Flüchtling" und „Vertriebener" synonym verwendet. Dies liegt in der Kontextualisierung der Thematik „Vertreibung der Deutschen aus dem östlichen Europa" begründet. Die Flucht der Ostpreußen nach Dänemark stellt eine Episode in diesem Kontext dar und lässt sich im Hinblick auf die Ursache und Wirkung nur schwer aus dem größeren Zusammenhang lösen. Klare Bezeichnungen sind jedoch unerlässlich, „damit niemand den größeren Kontext des europäischen Vergleichs missbrauchen kann."[5] Im Jahr 1953 wurden durch das Bundesvertriebenengesetz zwar Definitionen von „Vertriebener" und „Flüchtling" erlassen, diese finden in der aktuellen Literatur allerdings oft keine konsequente Verwendung.[6]

Hans Lemberg definiert den Begriff der „Flucht" am ehesten so, wie er im Sinne dieser Arbeit verstanden wird:

> *Das Ausweichen von nicht Beteiligten, aber auch Beteiligten vor drohenden Kampfhandlungen ist eine uralte menschliche Reaktion. Auf dem in der Migrationslehre gebräuchlichen Spektrum zwischen unfreiwilliger und freiwilliger Wanderung die Flucht zu den freiwilligen zu zählen, ist zwar nicht ganz unzutreffend, aber die Entscheidung zur Flucht fiel meist unter existentiellem Druck und angesichts von Lebensgefahr. Flucht kann organisiert werden als Evakuierug oder auch als Kinderlandverschickung oder dergleichen. Sie kann auch ganz spontan sein, Trecks, Gruppen zu Fuß oder im Eisenbahnzug oder als Einzelaktion. Von den Flüchtlingen wird Flucht stets als vorübergehend begriffen. Sie ist mit der festen Hoffnung auf Heimkehr verbunden. (…) Viele der deutschen Flüchtlinge aus dem Osten des Reiches und darüber hinaus versuchten vergeblich nach Hause zurückzukehren. Viele haben es geschafft. Und viele wurden an den neu errichteten Grenzen abgewiesen. Und da wurden aus Flüchtlingen Vertriebene.[7]*

---

5 Ebenda.
6 Beer, Mathias: Die Vertreibung der Deutschen. Ursachen, Ablauf, Folgen, in: Surminski, Arno (Hg.), Flucht und Vertreibung. Europa zwischen 1939 und 1948. Mit einer Einleitung von Arno Surminski, Hamburg 2012, S. 25.
7 Zitiert nach Hans Lemberg: Die Vertreibung aus dem Osten, in: Faulenbach, Bernd, Helle, Andreas (Hg.), Zwangsmigration in Europa. Zur wissenschaftlichen und politischen Auseinandersetzung um die Vertreibung der Deutschen aus dem Osten, S. 47–49. Hier S. 49.

2. Flucht aus Ostpreußen nach Dänemark – Forschungsstand

Nach dem Ende des Zweiten Weltkrieges begann eine Massenflucht aus den ehemaligen deutschen Ostprovinzen in den Westen, die Millionen von Menschen in Bewegung setzte. Das Thema „Deutsche Flüchtlinge in Dänemark", deren Flucht vor der Kapitulation einsetzte, ist jedoch in der deutschen Geschichtsforschung bisher kaum behandelt worden, da es als eine „Episode" betrachtet und somit als weniger wichtig erachtet wurde.[8] Die Forschung konzentrierte sich vielmehr auf die deutschen Flüchtlinge, die bereits nach der Machtübernahme Adolf Hitlers im Jahr 1933 in Dänemark und Nordeuropa Zuflucht im Exil gefunden hatten.[9] Obwohl die dänische Flüchtlingsverwaltung ihre Arbeit bereits 1950 in dem Graubuch „Flygninge i Danmark 1945–1949" schriftlich festgehalten hatte, verging in Dänemark einige Zeit, bevor das erste Buch von Arne Gammelgaard „Mennesker i Malström" 1981 erschien (deutsche Ausgabe 1985 unter dem veränderten Titel „Ungeladene Gäste"). Nur ein Jahr später hatte der Probst Knud Langberg, Leiter des dänischen Kirchendienstes, ein kleines Buch in deutscher Sprache mit dem Titel „Flüchtlingsleben in Dänemark" publiziert. Gammelgaard brachte 1993 als zweites Buch „Treibholz" heraus, das sich inbesondere den Erfahrungen von Zeitzeugen widmet. 2005 erschien schließlich sein drittes Werk „Auf Führerbefehl in Dänemark". Die grundlegende Lektüre zur Flüchtlingszeit in Dänemark bildet Henrik Havreheds 1987 in Dänemark erschienene Dissertation „Die deutschen Flüchtlinge in Dänemark 1945–1949" (Deutsche Ausgabe 1989). Von deutscher Seite aus widmeten sich besonders Karl-Georg Mix und Erwin Ay den Lebensumständen der deutschen Flüchtlinge in den dänischen Lagern und trugen zu neuen Erkenntnis-

---

8 Petrick, Fritz: „Deutsche 'Flüchtlinge' in Dänemark Februar 1945-Februar 1949", in: Petrick, Fritz (Hg.), Kapitulation und Befreiung. Das Ende des Zweiten Weltkriegs in Europa, Münster 1997, S. 51–61.
9 Siehe dazu Petersen, Hans Uwe (Hg.): Hitlerflüchtlinge im Norden. Asyl und politisches Exil 1933–1945, Kiel 1991. Lorenz, Einhart (Hg.): Ein sehr trübes Kapitel? Hitlerflüchtlinge im nordeuropäischen Exil 1933–1950, Hamburg 1998. Lorenz, Einhart: Exil in Norwegen. Lebensbedingungen und Arbeit deutschsprachiger Flüchtlinge 1933–1943, Baden-Baden 1992. Müssener, Helmut: Exil in Schweden. Politische und kulturelle Emigration nach 1933, München 1974.

sen bei.[10] Die Bücher beider Autoren erschienen 2005. Havrehed wertete deutsches, dänisches und englisches Quellenmaterial sorgfältig aus und ermöglichte damit neue interessante Perspektiven auf das Leben der deutschen Flüchtlinge in den Lagern. Mix griff viele der Erkenntnisse Havreheds auf und ergänzte diese durch die Analyse eigener Quellen. Er bereicherte die Forschung außerdem durch seine eigene Postion als Zeitzeuge. Gammelgaard widmet sich in seinen Werken weniger der Darstellung offizieller Tatsachen als der Sammlung von unterschiedlichen Zeitzeugenaussagen, die er unkommentiert für sich sprechen lässt. Der 1999 von der dänischen Ärztin und Historikern Kirsten Lylloff auf Dänisch erschienene Artikel über die Kindersterblichkeit in den Lagern macht deutlich, dass noch nicht alle Facetten des Themas „Deutsche Flüchtlinge in Dänemark 1945–1949" gründlich erforscht wurden. Es fehlen unter anderem geographisch vergleichende Analysen und Untersuchungen zu den Lebensverhältnissen der Flüchtlinge ebenso wie zu den Krankheiten und Sterblichkeitsraten.[11]

3. Eigene Forschungsfrage

Der deutsche Admiral Hans-Heinrich Wurmbach stellt die Behauptung auf, in der Geschichte „finde sich kaum ein Land, das den Angehörigen einer früheren feindlichen Macht eine bessere Behandlung angedeihen ließ, als die, die damals die Dänen den deutschen Flücht-

---

10 Havrehed, Henrik: Die deutschen Flüchtlinge in Dänemark 1945–1949, Heide 1989. Mix, Karl-Georg: Deutsche Flüchtlinge in Dänemark 1945–1949, Stuttgart 2005 (= Historische Mitteilungen im Auftrag der Ranke-Gesellschaft Band 59). Ay, Erwin: Rettende Ufer. Von Ostpreußen nach Dänemark, Norderstedt[2] 2005. Flygningeadministrationen (Hg.): Flygtninge i Danmark 1945–1949, Kopenhagen 1950. Gammelgaard, Arne: Treibholz. Deutsche Flüchtlinge in Dänemark 1945–1949, Blåvandshuk Egnsmuseum 1993. Gammelgaard, Arne: Ungeladene Gäste. Ostdeutsche Flüchtlinge in Dänemark 1945–1949, Leer 1997. Gammelgaard, Arne: Auf Führerbefehl in Dänemark – Deutsche Flüchtlinge in Dänemark 1945–1949, Museet for Varde By og Omegn 2005.
11 Lylloff, Kirsten: „Kan lægeløftet gradbøjes? Dødsfald blandt og lægehjælp til de tyske
flygtninge i Danmark 1945", in: Historisk Tidsskrift 99 (1999) S. 33–68. Lylloff, Kirsten: Barn eller fjende? Uledsagende tyske flygtningbörn i Danmark, Kopenhagen 2005.

lingen zuteil werden ließen."[12] Die bisherige von Havrehed, Gammelgaard und Mix geprägte Forschungsmeinung bestätigt diese Behauptung. Vor dem Hintergrund dieser Aussage und des bisherigen Forschungsstands widmet sich diese Arbeit der Untersuchung der Lebensumstände der deutschen Flüchtlinge aus Ostpreußen in Dänemark von 1945 bis 1949. Dabei soll anhand verschiedener Aspekte der Versuch unternommen werden die geltende Forschungsmeinung zu überprüfen. In welchem Umfang wurde für die Grundbedürfnisse der Flüchtline Sorge getragen? Als Grundbedürfnisse sollen für die Arbeit die Versorgung mit Lebensmitteln sowie die Bereitstellung von Unterkünften und Kleidung angesehen werden. Ebenso wichtig waren in einer Extremsituation, in der sich die Flüchtlinge befanden, die Verhinderung grassierender Krankheiten und die Vermeidung psychischen Stresses. Welche Maßnahmen wurden zur Vorbeugung von Krankheiten ergriffen? Wie wurden die Flüchtlinge auf ein späteres Leben vorbereitet?

4. Methodik

Um der Untersuchung in ihrer Gesamtheit gerecht zu werden, gliedert sich die Arbeit in vier größere Abschnitte. Inhaltlich baut die Gliederung aufeinander auf, um zu verdeutlichen, dass die hier untersuchten Themata zusammenhängen und sich gegenseitig beeinflussen. Aus diesem Grund wird im ersten Abschnitt chronologisch vorgegangen. Der erste Teil „Kriegsende und Flucht" stellt den historischen Kontext und die Ausgangssituation der Flüchtlinge aus Ostpreußen dar. Beginnend mit der Sommeroffensive der Roten Armee 1944 thematisiert der Abschnitt in aller Kürze den Kampf um Ostpreußen, die Flucht und den Weg über die Ostsee nach Dänemark. Der anschließende Abschnitt „Wahrnehmung in Dänemark" befasst sich mit dem deutschdänischen Verhältnis im Zweiten Weltkrieg und untersucht die daraus hervorgehenden Reaktionen der Dänen auf die deutschen Flüchtlinge. Die Haltung der dänischen Behörden aber auch die der dänischen Bevölkerung bilden die Basis für den dritten Abschnitt „Deutsche Flüchtlinge unter dänischer Obhut", der die Lebensverhältnisse der

---

12 Zitiert nach Havrehed 1989, S. 10.

deutschen Flüchtlinge nach dem Ende der deutschen Besatzungszeit anhand dreier Grundbedürfnisse des Menschen untersucht. Das Kapitel „Organisation und Verwaltung" umfasst den Aufbau der Flüchtlingsverwaltung und die Maßnahmen, die zur Regelung der Flüchtlingsproblematik ergriffen worden waren und vermittelt somit einen Einblick in die Grundlagen der dänischen Flüchtlingspolitik. Der erste Aspekt ergibt sich aus diesem Hintergrundkapitel und befasst sich mit der Grundversorgung der Internierten. Zu dieser zählen Nahrung, Wohnverhältnisse und Kleidung. Erst nachdem die menschlichen Grundbedürfnisse abgesichert worden waren, konnte die Flüchtlingsverwaltung sich einem weiteren wichtigen Gesichtspunkt zuwenden: Die Gesundheitsfürsorge und Hygiene bilden somit den zweiten Untersuchungsschwerpunkt. Zu einer neuerlichen Belebung der Forschung hat die These von Kirsten Lylloff beigetragen, die dänische Ärzteschaft habe wissentlich und absichtlich ihren Hippokratischen Eid gebrochen, indem den Flüchtlingen medizinische Hilfe vorenthalten worden sei. Die darin geäußerte Kritik hat der Forschung neue Impulse gegeben. Lylloffs These soll aufgrund ihrer Brisanz in dieser Arbeit nur im Rahmen einer Darstellung behandelt werden, wohingegen die Verfasserin jedoch den Versuch einer eigenen Positionierung unternimmt. Nach Befriedigung der menschlichen Grundbedürfnisse war die Strukturierung des Lageralltags eine wichtige Aufgabe, um in der Stresssituation der eingeschränkten Bewegungsfreiheit, physischen und psychischen Exzessen vorzubeugen. Daher wird die Untersuchung mit einer Betrachtung der „Bildungsarbeit und Beschäftigung" abgeschlossen. Bei der Untersuchung aller Gesichtspunkte wurde die Situation vor der Kapitulation mehr oder minder kurz als Vergleich angeführt, bevor sich auf die Zeit nach Kapitulation konzentriert wurde, um die Leistung der dänischen Verwaltung herauszustellen.

Zum Zwecke einer gründlichen und vielseitigen Untersuchung wird sich in dieser Arbeit insbesondere auf die Werke von Henrik Havrehed und Karl-Georg Mix bezogen. Um neue Erkenntnisse über die Lebensverhältnisse der Flüchtlinge hervorzubringen oder die bisherigen zu bestätigen, stützt sich diese Arbeit zusätzlich zu großen Teilen auf eine selbstständige Quellenrecherche und -analyse, die in den Kontext der gegenwärtigen Forschungsposition von Havrehed und Mix gestellt wird.

Es muss berücksichtigt werden, dass es sich bei den Quellen um die Darstellung persönlicher Erfahrungen und Erlebnisse handelt. Der Eindruck des Fragmentarischen kann aus diesem Grund nicht vermieden werden. Alle Quellen selektieren und besonders bei Tagebucheinträgen und Briefen handelt es sich um sehr subjektive Momentaufnahmen. Viele Zeitzeugenberichte, wie sie Mix und vor allem Gammelgaard benutzten, entstanden erst Jahrzehnte nach dem Erlebten und fixieren sich eventuell auf besonders prägende Einzelerfahrungen, die den jeweiligen Zeitzeugen im Gedächtnis geblieben sind. Für diese Arbeit wird auch auf eine Anzahl zeitgenössischer Quellen wie Briefe und Tagebucheinträge zurückgegriffen, wodurch nachträgliche Verfälschungen, wie sie etwa das Gedächtnisvermögen des Menschen hervorbringt, vermieden werden können.

Wichtige Anregungen für die Abfassung dieser Arbeit hat das Stadtarchiv Flensburg gegeben, das die bisher unedierten, aber bereits verzeichneten Berichte ehemaliger Flüchtlinge zur Verfügung gestellt hat. Aus dem Archiv stammen die Fluchtberichte der Zeitzeuginnen Käthe Hantke, Gerda Paulsen, Gerda Dorow, Eva Rehs, Erna Lindner und Hannelore Beck. Sie geben einen beeindruckenden und realistischen Einblick in die Umstände der Flucht und stehen stellvertretend für das Schicksal der Flüchtlingsgeneration. Diese Berichte wurden 1986 im Rahmen eines Zeitungsaufrufes an die ehemaligen Flüchtlinge aus den Ostgebieten des Deutschen Reiches verfasst. Das Stadtarchiv Flensburg ermöglichte auch den Kontakt zur Ostpreußen-Mailingliste, über die es gelang, mehrere Zeitzeugen ausfindig zu machen und mit ihnen in Kontakt zu treten. Karl Franz aus Norderstedt stellte auf diesem Wege den Kostplan für die Dänemarkflüchtlinge zur Verfügung, auf dem das Kapitel über die Ernährung in den Lagern zu großen Teilen beruht. Von der Tochter der Zeitzeugin Luzie Klinger stammt ein Tagebuch über die Zeit im dänischen Lager Frederiksgade. Das Tagebuch ermöglicht Einblicke in die Alltagsgestaltung der Flüchtlinge ebenso wie in das Gesundheitswesen und die Ernährung. Für wertvolle Informationen bezüglich der Ernährung muss ebenfalls den anonymen Zeitzeugen aus der Mailingliste gedankt werden. Unverzichtbares Quellenmaterial stellen auch die Zeugnisse von Agnes Sauermann sowie die Tagebücher und Briefe von Brigitta Labinsky dar. Agnes Sauermann war als Siebenjährige in Aalborg I und II interniert gewesen und hatte dort die erste Klasse besucht. Für das Kapitel „Bildungsarbeit und Beschäftigung" bilden ihre Zeugnisse den Ausgangspunkt. Sie stand außerdem für Interviews zur Verfügung und teilte eindrucksvoll ihre Erfahrungen mit, die sie bezüglich der Aufnahme als Flüchtling in Dänemark in Erinnerung behalten hat. Über ihren Sohn Volker Hippler, der sich über die Mailingsliste meldete, war der Kontakt zu Agnes Sauermann ermöglicht worden.

Eine besondere Bereicherung stellt das Quellenmaterial von Brigitta Labinsky dar. Sie war mit 24 Jahren mit ihren beiden Kindern Michael und Irene sowie ihrer Mutter und Tante aus Königsberg in den Westen geflohen und schließlich in Dänemark interniert worden. Zunächst hatten sie im Lager Nyboel Zuflucht gefunden, 1947 zogen sie gemeinsam nach Oksböl um. Aus der Lagerzeit gingen viele Gedichte, Briefe an ihren in sowjetischer Kriegsgefangenschaft geratenen Mann Kurt Labinsky und ein Tagebuch über die vier Jahre in Dänemark hervor. Sämtliches Material befindet sich im Besitz von Irene Labinsky. Der Kontakt wurde durch eine Anfrage an ihren Bruder Michael Labinsky hergestellt, der im Internet eine genealogische Untersuchung begonnen hatte. Seine in Kiel lebende Schwester Irene unterstützte diese Arbeit durch die Bereitstellung des Vermächtnisses ihrer Mutter. Insbesondere das Tagebuch trägt in dieser Arbeit zu neuen Feststellungen über die Ernährung, die Wohnsituation und die Lebensumstände bei. Vor allem die psychische Verfassung und der emotionale Aspekt der Internierung stehen in dem Tagebuch im Vordergrund. Nach Abgabe dieser Arbeit werden die Materialien von Brigitta Labinsky an das 2016 eröffnende Flüchtlingsmuseum in Varde/Oksböl gegeben werden.

Über die Mailingliste meldete sich auch der Leiter des Heimatkreisblattes Gerdauen, Herr Galenski, der als Kind selbst in Dänemark interniert gewesen war. Ihm soll ausdrücklich für seine Unterstützung in Form von Zeitzeugenberichten, Fotos und allgemeinen Informationen zum Lagerleben und für die Herstellung von Kontakten zu weiteren Zeitzeugen gedankt werden, die über ihn vermittelt wurden. Auch der Liedtext von Ernst Ladwig, der sich mit der Wohnsituation in den Pferdebaracken von Oksböl befasst, fand auf diesem Wege in dieser Arbeit Verwendung ebenso wie die Aussagen von Gisela Rothe-Ewert und Benno Hintz. Herr Galenski stellte außerdem den Kontakt zu Frau Inger Burchardt her, die sich unter anderem mit der Ahnensuche in

Dänemark beschäftigt und vor diesem Hintergrund auf die Webseite des Flüchtlingsmuseum in Varde/Oksböl verwies. Dort befinden sich viele Interviews ehemaliger Flüchtlinge sowie umfassende Berichte wie beispielsweise jener von Ruth Henke, der in dieser Arbeit öfters genannt wird. Informationen über die Gesundheitsfürsorge sowie über das Schulwesen und die Arbeitsmöglichkeiten in den Lagern wurden aus den Interviews von Inge Bach und Walter Thurau entnommen.

Nicht unberücksichtigt gelassen werden soll die Hilfe, die der Verfasserin von dänischer Seite gewährt wurde. Olaf Nielsen meldete sich auf das Inserat in der Mailingsliste und ergänzte das Kapitel „Öffentliche Reaktionen" durch seine Perspektive auf das Geschehene. Der dänische Lehrer und Historiker Martin Petersen stellte seine eigenen zu Forschungszwecken dienenden Fotos aus der lokalhistorischen Sammlung der Hauptbibliothek in Aarhus für diese Arbeit zur Verfügung.

II Kriegsende und Flucht

1. Der Kampf um Ostpreußen

Im Jahr 1944 näherte sich der Zweite Weltkrieg seinem Ende. Während es in deutschen Städten unzählige Bombenopfer zu beklagen gab, die Menschen aus Angst vor weiteren amerikanischen und englischen Luftangriffen in Bunkern lebten und auch die Versorgungslage sich zunehmend verschlechterte, war Ostpreußen bis zum Sommer 1944 vom Krieg weitgehend unbehelligt geblieben. Aus diesem Grund waren im Rahmen der Kinderlandverschickung[13] viele Kinder aus den besonders gefährdeten Ballungsgebieten wie um Berlin herum nach Ostpreußen evakuiert worden, denn dort wähnte man sich durch die deutschen Truppen und durch die Propaganda, die weiterhin den Endsieg verkündete, in Sicherheit.[14]

Doch bereits im Juni 1944 stand der Krieg vor den Grenzen Ostpreußens. Zum dritten Jahrestag des deutschen Angriffes auf die Sowjetunion, am 22. Juni 1944, eröffnete die Rote Armee ihre Sommeroffensive und rückte in nur sechs Wochen 1.000 Kilometer gen Westen vor. Mit 2,2 Millionen Soldaten gegen etwa 500.000 Soldaten war die Rote Armee der Heeresgruppe Mitte unter dem Befehl des Generalfeldmarschalls Ernst Busch um ein Vielfaches überlegen.[15] Da Hitler und seine Generäle den sowjetischen Angriff südlich der Ostfront er-

---

13 Kock, Gerhard: „Der Führer sorgt für unsere Kinder" – Die Kinderlandverschickung im Zweiten Weltkrieg, Paderborn 1997, S. 143. Durch die Kinderlandverschickung wurden ab Oktober 1940 Kinder mit ihren Müttern sowie Schulkinder aus den vom Luftkrieg bedrohten deutschen Städten in weniger gefährdete Gebiete evakuiert. Bis Kriegsende waren insgesamt ca. zwei Millionen Kinder im Alter zwischen zehn und 14 Jahren davon betroffen.
14 Böddeker, Günter: Die Flüchtlinge. Die Vertreibung der Deutschen aus dem Osten, München u.a. 1980, S. 13.
15 Ebenda, S. 11–12.

wartet hatten, traf dieser Vormarsch die Heeresgruppe Mitte unvorbereitet und forderte ihren Tribut: Die 28 deutschen Divisionen wurden zerschlagen und von den ursprünglich 500.000 deutschen Soldaten wurden rund 350.000 bis 400.000 im Gefecht verwundet, getötet oder galten als vermisst.[16] Diese Schlacht hatte sich damit zu einer der verlustreichsten Schlachten des Krieges im Osten entwickelt und übertraf in ihren Folgen sogar die Katastrophe von Stalingrad, denn die Zerschlagung der Heeresgruppe Mitte war gleichbedeutend mit dem Zusammenbruch der Reichsverteidigung[17] und der Weg nach Westen lag nun offen vor den Rotarmisten. Am 4. August 1944 erreichte die Rote Armee schließlich die ostdeutsche Reichsgrenze und stieß über das nordöstlich von Ostpreußen gelegene Memelland erstmals auf deutsches Territorium vor. Obwohl sich schnell herausstellte, dass die sowjetischen Panzer Einzelgänger gewesen waren und die Panzergrenadierdivision „Großdeutschland" den Einfall der Rotarmisten in die deutschen Linien hatte verhindern können, zogen bereits ab diesem Zeitpunkt Flüchtlingstrecks aus dem Baltikum und dem Memelland in Richtung Westen.[18] Viele dieser Flüchtlinge konnten zwar für kurze Zeit wieder in ihre Heimat zurückkehren, doch die drohende Gefahr durch die Rotarmisten zeigte sich nun zunehmend deutlicher. Als in der Nacht vom 26. auf den 27. August 1944 die ostpreußische Hauptstadt Königsberg von britischen Bombern angegriffen wurde und in der Nacht vom 29. auf den 30. August 1944 ein zweiter Luftangriff durch die Royal Air Force erfolgte, empfahl der Oberbefehlshaber der vierten Armee, General Friedrich Hossbach, die vorsorgliche Evakuierung der Zivilbevölkerung des östlichen Ostpreußens. Es war der Reichsverteidigungskommissar und Gauleiter Erich Koch[19], der entschied, dieser Empfehlung nicht nachzukommen und Vorschläge solcher Art zusätzlich als „Defätismus" zu verurteilen.[20] Die Haltung Kochs bezüglich der Evakuierungsdebatte hatte weitreichende Folgen,

---

16 Ebenda, S. 12.
17 Ebenda.
18 Ay 2005, S. 13–14. Böddeker 1980, S. 16.
19 Koch war in dieser Funktion das Oberhaupt der Zivilverwaltung Ostpreußens.
20 de Zayas, Alfred M.: Die Anglo-Amerikaner und die Vertreibung der Deutschen. Vorgeschichte, Verlauf, Folgen, München 1977, S. 80. Koch befahl statt einer angesichts der Situation unbedingt notwendigen Evakuierung den Bau eines „Ostwalls"; Schützen- und Panzergräben sollten die Rote Armee aufhalten. Zehntausende Men-

die sich erstmals im Oktober 1944 zeigten. Über drei Jahre hinweg hatten die Menschen der Sowjetunion unter der Gewaltherrschaft der Deutschen gelitten. Zahllose sowjetische Soldaten waren im Krieg gefallen, zahllose Zivilisten waren durch deutsche Hand getötet worden. Die Soldaten der Roten Armee waren auf ihrem Weg durch die von den Deutschen zerstörte Sowjetunion gezogen und hatten viele Orte gesehen, von denen gemäß den Anweisungen von Göring und Himmler nichts als „verbrannte Erde" übrig geblieben war. Die von den Deutschen verübten Grausamkeiten hatten unter vielen sowjetischen Soldaten Hass und Rachegelüste erzeugt. Noch dazu waren sie seit Beginn der Offensive darauf eingestimmt worden, an den Deutschen Vergeltung zu üben. Der sowjetische Schriftsteller Ilja Ehrenburg fing die damalige Stimmung gegen die Deutschen unter anderem in seinem Flugblatt „Töte!" von 1942 ein, in dem es heißt:[21]

Wir wissen alles. Wir erinnern uns an alles. Wir haben begriffen: Die Deutschen sind keine Menschen. Von jetzt ab ist das Wort „Deutscher" für uns der allerschlimmste Fluch. (...) Wir werden nicht sprechen. Wir werden uns nicht aufregen. Wir werden töten. Wenn du nicht im Laufe eines Tages wenigstens einen Deutschen getötet hast, so ist es für dich ein verlorener Tag gewesen. (...) Wenn du den Deutschen am Leben lässt, wird der Deutsche den russischen Mann aufhängen und die russische Frau schänden. Wenn du einen Deutschen getötet hast, so töte einen zweiten – für uns gibt es nichts Lustigeres als deutsche Leichen.[22]

Durch derartige propagandistische Texte getrieben begann am 16. Oktober 1944 der sowjetische Vorstoß in Richtung Ostpreußen. Truppen der Rotarmisten stießen bei der Memel zur Ostsee durch und schlos-

---

schen, meist Jugendliche und Frauen, wurden von ihren Arbeitsplätzen fortgeholt und zum Schanzdienst verpflichtet.
21 Ebenda, S. 85-86. Ehrenburg war nicht der einzige Hetzer gegen die Deutschen. Alexis Tolstoi und Konstantin Simonow waren ebenfalls für viele Texte dieser Art verantwortlich.
22 Ehrenburg, Ilja: Der Krieg. Война. 3 Bände: Juli 1941-April 1942. April 1942-März 1943. April 1943-März 1944. Bd. 2, Moskau 1942-1944. Bd. 2, S. 22, zitiert nach: de Zaya 1977, S. 85. Seine Artikel erschienen regelmäßig in der Frontzeitung „Krasnaja swesda" (Roter Stern).

sen damit die deutsche Heeresgruppe Nord im Baltikum ein.[23] Zeitgleich erfolgte der Angriff, für die Deutschen unerwartet, frontal von Osten her in Richtung der Hauptstadt Königsberg. Zwischen Ebenrode und der Rominter Heide gelang der Roten Armee schließlich der Durchbruch.[24]

Am 18. Oktober 1944, auf dem Höhepunkt der sowjetischen Herbstoffensive, rief Hitler zur Bildung eines Volkssturms auf.[25] Jeder „Mann" im Alter von 16 bis 60 Jahren sollte die deutschen Truppen unterstützen gegen die Übermacht der Alliierten. In Folge dessen wurden alte Männer, kaum noch in der Lage eine Waffe zu halten, gemeinsam mit Jungen, die kaum mehr als Kinder waren, an die Front gestellt. Der militärische Nutzen dieses notdürftig zusammengesetzten Volkssturms war ebenso gering wie der Nutzen des „Ostwalls" im Sommer 1944 unter Gauleiter Koch und demonstriert sowohl den Fanatismus des Hitlerregimes als auch die verheerende Lage des deutschen Militärs. Der aussichtslose Krieg Hitlers wurde wie die Leiden der Bevölkerung nur unnötig in die Länge gezogen. Überdies führte der Volkssturm dazu, dass Familien und ganze Ortschaften ihrer wenigen noch verbliebenen Männer beraubt wurden und viele Frauen und Kinder während ihrer Flucht auf sich allein gestellt waren. Bereits zu diesem Zeitpunkt, im Oktober 1944, verließen rund 600.000 Menschen, ein Viertel der Gesamtbevölkerung, ihre Heimat Ostpreußen.[26]

Währenddessen schritten die Truppen der Roten Armee schnell voran; Mitte Oktober hatte ein sowjetisches Panzerkorps bereits den Fluss Rominte nahe des Ortes Walterkehmen überquert und sich in drei Richtungen aufgeteilt – Der nördliche Stoßkeil zielte auf Gumbinnen, der südliche auf die Kreisstadt Anderapp. Der mittlere Stoßtrupp bewegte sich auf den kleinen Ort Nemmersdorf im Kreis Gumbinnen zu.[27] Die Geschehnisse in Nemmersdorf verdienen eine genauere

---

23 Völklein, Ulrich: Flucht und Vertreibung östlich von Oder und Neiße, in: Völklein, Ulrich (Hg.), „Mitleid war von niemand zu erwarten". Das Schicksal der Vertriebenen, München 2005. S. 19.
24 Völklein 2005, S. 19.
25 Böddeker 1980, S. 14.
26 Völklein 2005, S. 20.
27 Zeidler, Manfred: Flucht und Vertreibung der Deutschen aus Ostpreußen, Westpreußen, Danzig, dem Warthegau und Hinterpommern, in: Surminski, Arno (Hg.),

Betrachtung, da sie zum einen eine Schlüsselrolle in der deutschen Fluchtbewegung einnehmen und zum anderen eines der am besten belegten Beispiele für die Gräueltaten der Sowjetsoldaten im Zweiten Weltkrieg darstellen. Da der Gauleiter Koch nicht bereit gewesen war die rechtzeitige Evakuierung zu veranlassen, leiteten die deutschen Militärbefehlshaber in Zusammenarbeit mit den Regierungspräsidenten diese ein. Gegen den Willen Kochs ordneten sie die Evakuierung der Zivilbevölkerung aus den östlichen Gebieten Ostpreußens an, die erst zum Ende Oktober 1944 von der Gauleitung mitgetragen wurde.[28] Auf diesen Befehl hin wurde ein etwa 30 Kilometer breiter Streifen hinter der Front geräumt, um etwa 600.000 Menschen umzusiedeln.

Für die Menschen in Nemmersdorf kam dieser Erlass zu spät. Sie standen dem Angriff vollkommen unvorbereitet gegenüber; in Panik vor dem heranrückenden Stoßtrupp verließen sie ihre Heimat und zurück blieben die kranken und/oder zu alten Menschen. In der Nacht vom 20. auf den 21. Oktober erreichte der sowjetische Stoßtrupp schließlich Nemmersdorf und es folgten erste Ausschreitungen und Vergewaltigungen gegen die dort verbliebene Zivilbevölkerung durch die Rotarmisten. Als Nemmersdorf am 23. Oktober 1944 unter großen Anstrengungen der deutschen Einheiten zurückerobert worden war[29], bot sich ihnen ein grausames Bild: Alle Menschen, die Nemmersdorf nicht rechtzeitig hatten verlassen können, waren ermordet worden. Die Gesamtanzahl der Todesopfer belief sich auf 86 Zivilisten, unter ihnen befanden sich 20 Personen, die vermutlich Angehörige eines durchziehenden Flüchtlingstrecks gewesen waren.[30] Unter den anderen Opfern waren dreißig Männer, zwanzig Frauen und fünf Kinder.[31] Major Hinrichs vermerkte als Todesursache in einem Bericht „meist Nahschüsse

---

Flucht und Vertreibung. Europa zwischen 1939 und 1948. Mit einer Einleitung von Arno Surminski, Hamburg 2012, S. 69.
28 Ay 2005, S. 14.
29 Hoppe, Bert: Auf den Trümmern von Königsberg. Kaliningrad 1946–1970, in: Schriftreihe der Vierteljahreshefte für Zeitgeschichte, Bd. 80, München 2000, S. 19–73, hier S. 19. Am 23. Oktober hatte der Frontoberbefehlshaber Ivan D. Černjachovski beschlossen, die 11. Gardearmee aus den bereits eroberten Gebieten westlich des Flusses Rominte aufgrund eines drohenden deutschen Zangengriffes zurückzuziehen.
30 Zeidler 2012, S. 70.
31 de Zayas 1977, S. 83.

in Kopf und Brust" und weitere Wunden, die „zum Teil bestialische Ermordung erkennen ließen".[32] Das Massaker von Nemmersdorf bildete den Auftakt für die zunehmenden Gewaltverbrechen der Rotarmisten gegen die ostpreußische Zivilbevölkerung an allen vier Fronten. Der gewaltsame Tod der 86 Zivilisten wurde von deutscher Seite für Propagandazwecke genutzt, so erschien beispielsweise am 27. Oktober 1944 im „Völkischen Beobachter" folgende Betitelung: „Das Wüten der sowjetischen Bestien – Furchtbare Verbrechen in Nemmersdorf – Auf den Spuren der Mordbrenner in den wiederbefreiten ostpreußischen Orten".[33] Durch die detaillierte und teilweise absichtlich überzogene Darstellung in den Medien inszenierte der Propagandaminister Joseph Goebbels die Grausamkeiten von Nemmersdorf schamlos zu seinem Vorteil und trug dafür Sorge, dass die ausländische Presse von den Taten der Roten Armee erfuhr. Auf diese Weise hoffte er die Sowjets vor der Außenwelt als „Barbaren" darzustellen.[34] Goebbels sah darin des Weiteren eine Möglichkeit das deutsche Volk zu einem letzten Widerstand aufzurufen. Dieses Vorhaben scheiterte gänzlich, denn durch das Massaker stieg vielmehr die Bereitschaft der Menschen, ohne Räumungsbefehl und trotz der Androhungen von Strafen, die Flucht zu ergreifen. Teilweise waren es sogar die Kreisleiter selbst, die aus Angst vor dem Kommenden gegen jede Androhung von „Defätismus" ihre Posten verließen. Der Briefausschnitt der Zeitzeugin Hannelore Beck bezieht sich auf diese Vorkommnisse:

> *Trotz anlaufender Evakuierung der Zivilbevölkerung waren wir gezwungen, unseren Dienst regelmäßig zu verrichten, da uns für den Fall unserer eigenen Flucht mit der Erschießung gedroht worden war. (...) Am 19. Oktober 1944 stand Tilsit unter direktem Beschuß. Als wir unseren Dienst trotzdem antraten, stellten wir fest, daß unsere Vorgesetzten bereits geflüchtet und wir uns selbst überlassen waren.*[35]

Nemmersdorf war zwar nicht der einzige Ort, an dem Gräueltaten durch die Sowjets verübt worden waren, war aber zu einem Mahnmal für die Grausamkeiten der Roten Armee an der deutschen Zivilbevöl-

---

32 Zeidler 2012, S. 70. Bericht von Major Hinrichs, OKH Generalstab des Heeres.
33 Völkischer Beobachter vom 27. Oktober 1944, zitiert nach Beer 2011, S. 69.
34 de Zayas 1977, S. 84.
35 StA Flensburg XII 2173, Brief Hannelore Beck, ohne Datum.

kerung geworden und beschleunigte die Fluchtbewegung gen Westen erheblich.

Während immer mehr Menschen in Panik ihre Heimat zurückließen, spitzte sich die militärische Lage weiter zu, bis sich zwischen dem 12. und dem 14. Januar 1945 innerhalb kürzester Zeit der Auftakt zur größten Offensivoperation des Zweiten Weltkrieges vollzog.[36] Im Süden beginnend machte die 1. Ukrainische Front unter Marschall Iwan Konjew den Anfang, indem sie in Richtung Schlesien vorrückte, nur einen Tag später erfolgte der Angriff der 3. Weißrussischen Front unter General Iwan Tschernjakowski in Richtung Königsberg.[37] Abschließend marschierten die im Zentrum stehenden weißrussischen Fronten (1. und 2.) unter Marschall Georgi Schukow und Marschall Konstantin Rokossowski Richtung Elbing, um Ostpreußen vom Reichsgebiet abzutrennen.[38] Nach dem rasch erfolgten Durchbruch durch die deutschen Verteidigungslinien verlief der Vormarsch der 1. und 2. Weißrussischen Front im Eiltempo. In Folge dieses schnellen Vormarsches konnte bis März 1945 keine deutsche Abwehrfront mehr entstehen und die ostpreußische Bevölkerung war den heranrückenden Truppen ausgeliefert. Die Überlegenheit der sowjetischen Truppen gegen die deutschen betrug an der Infanterie 11:1, an Panzern 7:1 und an Geschützen 20:1.[39] Auf jeden Frontkilometer kamen 50 deutsche Soldaten; ihnen gegenüber standen 500 Rotarmisten.[40] Aufgrund der vielfachen sowjetischen Überlegenheit an Menschen und Waffen wurde Ostpreußen innerhalb kürzester Zeit überrannt. In der Folge fielen bereits am 23. Januar 1945 die Städte Allenstein im Süden und Insterburg im Norden, am 30. Januar folgte schließlich Elbing. Der Fall von Elbing war von großer Bedeutung für Ostpreußen, das nun auf dem Landweg vom Deutschen Reich abgeschnitten war. Die Vierte

---

36 Zeidler 2012, S. 71.
37 Ebenda. Siehe Abb. 13 im Anhang, S. 90. Die Karte verdeutlicht die militärischen Geschehnisse.
Den Anhang finden Sie online unter dem folgenden Link: https://www.nomos-shop.de/tectum/titel/deutsche-fluechtlinge-aus-ostpreussen-in-daenemark-1945-1949-id-115829/.
38 Völklein 2005, S. 21. Zeidler 2012, S. 71.
39 Ay 2005, S. 21.
40 Ebenda.

Deutsche Armee war eingekesselt[41], ebenso wie die Hauptstadt Königsberg.[42]

2. Die Flucht

Von dort mußten wir am 27. Januar 1945 flüchten, so ich mit meinen Eltern und zwei Geschwistern. Die Stadt Bartenstein stand schon unter Beschuß. Unser Treckwagen stand schon seit November 1944 fertig in der Scheune, daß heißt Vater hatte ein wetterfestes Dach darauf gebaut. Das Packen mußte schnell gehen, so kamen an erster Stelle, Kleidung, Bettzeug, Wertgegenstände und Lebensmittel in Betracht. (...) So verließen wir um 7 Uhr im gesammelten Treck das Dorf Damerau bei Schnee, Eis und Kälte. (...) Auf Feldwegen mußten wir weiter, Pferd und Wagen wurden mit den Schneemassen nicht fertig, mit Schaufeln voran um den Weg frei zu bekommen. Wir schafften es bis zum Abend 8 km bis Albrechtshof. In einem Haus konnten wir übernachten. Viele Fußgänger mit Schlitten oder Frauen mit Kinderwagen kamen laufend dazu. Helfen konnten wir uns wenig. Jeder hatte sein eigenes Ziel vor Augen.[43]

In Folge der militärischen Ereignisse kam es in Ostpreußen zu einer ungeordneten und von Angst und Entsetzen geprägten Fluchtbewegung. Gegen alle Anordnungen machte ein Großteil der Bevölkerung sich auf den Weg in den Westen. Da eine rechtzeitige Evakuierung ausgeblieben war, lösten in vielen Fällen erst das plötzliche Erscheinen sowjetischer Panzer und Soldaten die Fluchtbewegung aus. Davon betroffen waren unter anderem die Menschen in Allenstein und Elbing: Als die Rote Armee am 22. Januar 1945 in Allenstein einrückte, befand sich noch beinahe die Hälfte der Bevölkerung in der Stadt, ebenso erging es Elbing am darauffolgenden Tag.[44] Am 22. Januar, nur wenige Tage nach Beginn der Winteroffensive, gab es für die Ostpreußen keinen Fluchtweg mehr über Land in den Westen, da mittlerweile alle

---

41 Ebenda.
42 Völklein 2005, S. 21.
43 StA Flensburg XII HS 2173, Brief Käthe Hantke vom 4. Februar 1986. Flucht aus Damerau im Januar 1945.
44 Zeidler 2012, S. 75. In den östlicher gelegenen Orten wie Wehlau und Rastenburg kam es noch ansatzweise zu Evakuierungsmaßnahmen, da diese Landkreise zuerst betroffen waren.

Bahn- und Straßenverbindungen unterbrochen waren.⁴⁵ Verzweifelt hatten die Menschen versucht, auf den letzten Zügen gen Westen mitzufahren. Dabei spielten sich auf den Bahnhöfen dramatische Szenen ab, wie die Zeitzeugin Erna Lindner es eindrücklich schildert:

> *(…), da liefen die Leute von der Straße, und schrieen immer die Rußen sind da, da fielen auch schon die ersten Bomben, ich lief, von beiden seiten waren die Häuser am brennen. (…) die Partei rief alles zum Hauptbanhof. (…) Die Menschen lagen da wie die Herringe (…)Dan hieß es Ewakuierung alles mit die Frauen und mit Kinder, keine Männer, die Frauen liefen mit ihren Kindern, welche ließen auch noch zuletzt ihre Kinder stehen, und fuhren auf der Plattform mit.[sic!]*⁴⁶

Dass Mütter zuletzt sogar ihre Kinder verlassen haben sollen, demonstriert die übermächtig herrschende Angst in all ihren Facetten. Nachdem keine Möglichkeit mehr bestand, per Zug in den Westen zu gelangen, blieb der panischen Menschenmasse nur noch die Flucht zu Fuß und mit Treckwagen durch Schnee und Kälte. Die Flüchtlingsströme bewegten sich von Norden und Osten Richtung Königsberg und Pillau, von Süden und aus dem Zentrum Ostpreußens Richtung Elbing, um fort von den gefallenen Grenzgebieten weiter in das Reich zu gelangen.⁴⁷ Nach dem Untergang Elbings Ende Januar 1945 blieb als letzte Fluchtmöglichkeit der Weg über das Eis des Frischen Haffs auf die Nehrung.⁴⁸ Von dort aus hofften die Menschen den Landweg über Kahlenberg und die Weichselmündung in Richtung Danzig und von dort nach Pommern zu erreichen⁴⁹ oder von Pillau aus mit dem Schiff in den Westen zu entkommen.⁵⁰ Da unzählige Fliehende ihre Trecks daraufhin in den Norden lenkten, entstand in dem zwischen den Landkreisen Rastenburg, Zinten und Heiligenbeil gelegenen Gebiet⁵¹ eine kilometerlange Aneinanderreihung von Menschen, Vieh

---

45 Völklein 2005, S. 21.
46 StA Flensburg, XII HS 2173, Brief Erna Lindner vom 20. Januar 1986. Geboren 1932. Flucht aus Königsberg 1945 mit Mutter und drei jüngeren Geschwistern.
47 Ay 2005, S. 23. Die Fluchtbewegungen werden auf der Karte verdeutlicht.
48 Zeidler 2012, S. 76. Beer 2011, S. 72. Ay 2005, S. 23.
49 Beer 2011, S. 72.
50 Ay 2005, S. 21.
51 Zitiert nach Böddeker 1980, S. 58. Die Wissenschaftliche Kommission der Bundesregierung zur Geschichte der Vertreibung äußerte sich zu der militärischen Lage im Januar 1945 wie folgt: „Die Linie, auf der die deutschen Truppen in dieser Zeit standen, verlief von Tolkemit am Frischen Haff in südöstlicher Richtung nach

und Treckwagen. Eben dieses Gebiet wurde in späteren Wehrmachtsberichten als „Kessel von Heiligenbeil" bezeichnet und bringt die von Enge und Panik gezeichneten Menschenanstauungen deutlich zum Ausdruck.[52] Die damals 42 Jahre alte Eva Rehs befand sich im Januar 1945 auf der Flucht aus Königsberg und fasste die herrschende Situation im Winter 1945 in wenigen Sätzen zusammen:

> *Auf den Hauptstraßen herrschte ein furchtbares Durcheinander. Trecks in mehreren Kolonnen, nebeneinander, verstopften die Fahrbahnen, dazwischen eingekeilte Truppenfahrzeuge. Oft mußten die Straßen für die Truppen frei gemacht werden; dann kamen die armen Menschen, die schon so sehr litten in den kalten Wintertagen, nicht vorwärts.*[53]

Eva Rehs spricht neben der im Kessel von Heiligenbeil zusammengedrängten Menschenmasse ein weiteres Problem an: Die Umstände der Flucht im Winter 1945. Bei Schnee und Eis hatten die Flüchtenden ihr Hab und Gut zusammengepackt und sich überstürzt auf den Weg ins Ungewisse gemacht. Nicht alle besaßen Trecks, auf denen sie ihre Habseligkeiten hätten transportieren können. Käthe Hantke erwähnt in ihrem Brief, dass Menschen mit Schlitten und Frauen mit Kinderwagen an ihnen vorbeigezogen seien. Dies gibt einen realistischen Einblick in die desolaten Fluchtvorbereitungen. Nicht selten waren Menschen nur mit dem geflohen, was sie am Leibe trugen und hatten, wenn möglich, nur ihre Familienmitglieder ergriffen und sich zu Fuß auf den beschwerlichen Marsch fern ihrer Heimat begeben, unwissend darüber, ob und wann sie zurückkehren würden. Die meisten kamen nur langsam voran und etliche wurden unterwegs von den Sowjets eingeholt und infolgedessen erschossen, vergewaltigt oder geplündert.[54] Käthe Hantke gewährt allerdings auch einen Einblick in das Mitleid einiger Menschen, die die Flüchtenden für eine Nacht

---

Wormditt, bog dann ganz nach Osten um und folgte dem Fluß Alle über Heilsberg nach Bartenstein, von wo aus sie in nordwestlicher Richtung bis nach Trendenburg bei Königsberg dicht an das Frische Haff zurückschwenkte und sich dann im Belagerungsring um Königsberg fortsetzte. In diesem schlauchartigen Kessel, der an das Frische Haff angelehnt war und in seinem Zentrum die Kreise Braunsberg und Heiligenbeil umfasste, waren Hunderttausende von ostpreußischen Flüchtlingen zusammengedrängt."

52 Ay 2005, S. 23. Zeidler 2012, S. 76.
53 StA Flensburg XII HS 2173, Brief Eva Rehs, ohne Datum.
54 Gammelgaard 2005, S. 13.

aufnahmen, wie es ihrer Familie in Albrechtshof ergangen war. Vereinzelt existieren des Weiteren Zeitzeugenberichte, in denen der Hilfsbereitschaft deutscher Soldaten gedacht wird. Eva Rehs ist eine dieser Zeitzeugen und berichtet:

> Oft standen an den Straßenrändern Frauen und Kinder auf Wagen und Kleinschlitten, den Rest ihrer Habe mitschleppend. Händeringend baten Frauen mit Kinderwagen, mitgenommen zu werden. Die Wehrmacht half, wie und wo sie nur konnte. Deutsche Soldaten kämpften buchstäblich bis zur letzten Patrone, um der angsterfüllten Bevölkerung Zeit zur Flucht zu verschaffen.[55]

Währenddessen wurden diejenigen, die ihre Heimat entweder nicht rechtzeitig hatten verlassen können oder sie nicht hatten verlassen wollen, häufig Opfer sowjetischer Gewalttaten. Viele Menschen begingen in ihrer Angst und Verzweiflung Selbstmord, um den Übergriffen der Roten Armee zu entgehen.[56] Die Verzweiflung und Hoffnungslosigkeit der Zurückgebliebenen wird in dem Zeitzeugenbericht von Gerda Paulsen aus Königsberg besonders deutlich.[57] Erreichten die Rotarmisten die ostpreußischen Dörfer und die dort Zurückgebliebenen, trafen sie zumeist auf Frauen, Kinder und alte Menschen. Unter ihnen waren es vor allem die Frauen, die unter dem Einfall der Sowjets und deren Übergriffen zu leiden hatten. Durch Flucht und Einberufung der Männer in den Volkssturm gab es oft niemanden mehr, der sie vor Vergewaltigungen oder Misshandlungen hätte schützen können.[58]

---

55 Brief Eva Rehs. Beer 2011, S. 72. Obgleich einige Flüchtlinge Unterstützung von der Wehrmacht erhalten hatten, bleibt anzumerken, dass die Flüchtlingsbewegungen keine Priorität gegenüber den Bewegungen der Wehrmacht genossen. Drohten Flüchtlingstrecks die militärischen Operationen zu behindern, wurden sie zu Gunsten der militärischen Operationen aufgehalten.
56 Völklein 2005, S. 24.
57 StA Flensburg XII 2173, Brief Gerda Paulsen vom 17. Januar 1986: „Ich weiß es noch genau wenn ich nachdenke ist es als sei es noch garnicht solange her, es wurde im Januar 1945 schon von Eiserner Ration und Flucht gesprochen, aber die meißten Leute wollten es nicht wahr haben oder aber sie hatten sich mit der ganzen Familie geeinigt in Königsberg zu bleiben u. so machten viele Familien auf eigene Art Schluß mit dem Leben entweder sie vergifteten sich mit Glas oder zogen sich in Ihren Schrábergärten zurück und töteten sich dort."
58 StA Flensburg XII HS 2173 Brief Gerda Dorow, ohne Datum. Sie berichtet in einem undatierten Brief an die Landesversicherungsanstalt von Schleswig-Holstein, wie sie den Einfall der Roten Armee erlebt hat. Häuser wurden geplündert, Frauen wie sie selbst vergewaltigt und Menschen wahllos erschossen. Die Erlebnisse von

Ohne Schutz waren währenddessen auch die Flüchtlingskolonnen im Kessel von Heiligenbeil. Im Januar 1945 waren die Temperaturen auf 25 Grad unter Null gefallen und die eisige Kälte sowie die Schneemassen hatten den langen Weg durch Ostpreußen zum Frischen Haff erschwert. Doch diese Kälte war es auch, die den Weg über das Frische Haff auf die Nehrung erst ermöglichte, denn zwischen dem Kessel von Heiligenbeil und den rettenden Häfen Pillau und Danzig lag etwa zwölf Kilometer Meer, das überwunden werden musste.[59] Durch eine meterdicke tragfeste Eisschicht wurde es den Flüchtlingskolonnen ermöglicht, auf die Nehrung zu gelangen.[60] Dieser Weg war äußerst gefährlich. Sowjetische Tiefflieger schossen auf die kilometerlangen und vollkommen ungeschützten Flüchtlingstrecks und bedeuteten für etliche Flüchtlinge den Tod. Viele, die nicht im Kugelhagel umkamen, wurden Opfer von Schnee und Kälte oder brachen im stellenweise zu dünnen Eis ein und ertranken im eisigen Wasser. Vor allem Kleinkinder und alte oder kranke Menschen fielen der Kälte als erstes zum Opfer. Die Flüchtlinge besaßen weder ausreichend warme Kleidung noch genügend zu essen. Die Strapazen der Flucht taten zusammen mit der Mangelernährung ihr Übriges; etliche Menschen starben vor Erschöpfung. Die Trecks zogen vorüber an Bildern des Grauens. Überall lagen erfrorene Menschen an Wegrändern, tote Kleinkinder in Kinderwagen oder notdürftig begrabene Kinder in Schneeverwehungen. Für Beerdigungen fehlten Zeit und Mittel.[61] Der Anblick von Leichen wurde bald zur Normalität und Solidarität gab es oft nur noch innerhalb der eigenen Familie, wie es Käthe Hantke bereits andeutete: „Helfen konnten wir uns wenig. Jeder hatte sein eigenes Ziel vor Augen."

Während Tausende von Menschen über das Frische Haff flohen, dauerte die Verteidigung des Gebietes um das Frische Haff im Kessel von Heiligenbeil gegen die Übermacht der sowjetischen Armee bis

---

    Gerda Dorow decken sich mit Erinnerungen von anderen Zeitzeugen wie Eva Rehs. Unterdessen wurden viele der Zurückgebliebenen von den Sowjets zur Zwangsarbeit verschleppt. So erging es der Zeitzeugin Käthe Hantke, die nach Sibirien gebracht wurde.

59 Böddeker 1980, S. 59.
60 Ebenda.
61 Schön, Heinz: Flucht über die Ostsee: Die größte Rettungsaktion der Seegeschichte, in: Surminski, Arno (Hg.), Flucht und Vertreibung. Europa zwischen 1939 und 1948. Mit einer Einleitung von Arno Surminski, Hamburg 2012, S. 104.

Ende März 1945 weiter an.⁶² Die Verteidigung des Kessels war von äußerster Wichtigkeit für die Rettung der unzähligen Flüchtlinge; es wurde erbittert um jeden Quadratmeter gekämpft, um den Weg über das Frische Haff so lange wie möglich zu halten. 450.000⁶³ Menschen konnten dadurch von Januar bis März 1945 über das Haff aus den umkämpften Ostgebieten entkommen. Ende Januar 1945 war Ostpreußen bis auf seine Hauptstadt Königsberg⁶⁴, das Samland, das Haff und die Nehrung vollständig von der Roten Armee erobert worden. Da im Februar 1945 auch das Eis des Haffes an Tragfestigkeit verlor, blieben als letzte Zuflucht für die Flüchtlinge nur noch Königsberg und das Samland mit der Hafenstadt Pillau.⁶⁵

3. Rettungsaktion über die Ostsee – der Weg nach Dänemark

Die Rettung der Flüchtlinge über die Ostsee bildet das „tragische Schlusskapitel des Zweiten Weltkriegs".⁶⁶ Neben Flüchtlingen wurden auch verwundete Soldaten⁶⁷ über das Meer evakuiert. Da der Schwerpunkt dieser Arbeit auf der Zeit der ostpreußischen Flüchtlinge in Dänemark liegt, wird in diesem Kapitel nur der Weg über die Ostsee nach Dänemark thematisiert. Wie die größte Rettungsaktion in der Geschichte der Seefahrt gelingen konnte und welchen Bedingungen die Flüchtlinge auf diesem Kurs ausgesetzt waren, soll in diesem Kapitel dargestellt werden. In Pillau, dem Ostseehafen Königbergs, warteten viele Menschen auf Schiffe, die sie in den sichereren Westen bringen sollten. Niemand wusste im Voraus, was das Ziel der Reise sein würde. Von Ende Januar 1945 an liefen von dort 65 Schiffe mit Flüchtlingen aus. Pillau, Hela, Libau und Windau blieben bis zur Kapitulation in deutscher Hand

---

62 Ay 2005, S. 25.
63 Ebenda.
64 Zeidler 2012, S. 77. Königsberg fiel nach erbitterter Schlacht am 9. April 1945.
65 Ebenda.
66 Schön 2012, S. 100.
67 Mix 2005, S. 15. Unter den Passagieren befanden sich auch nationalsozialistische Funktionäre, die die Flucht ergriffen hatten. Auch der Gauleiter Erich Koch war über die Ostsee in den Westen geflohen und ging schließlich am 5. Mai 1945 in Flensburg von Bord. 1949 wurde er verhaftet und in Polen zu lebenslanger Haft verurteilt.

und konnten als Evakuierungshäfen ihren Zweck erfüllen.[68] Die Flüchtlinge, die über die Nehrung gekommen waren, suchten zunächst Schutz am Hafen von Danzig, der bis März 1945 einen weiteren Fluchthafen darstellte. Als Danzig am 25. März 1945 kapitulierte[69], waren die Flüchtlinge gezwungen weiter in den Norden zu ziehen und erreichten schließlich über Gotenhafen die Landzunge bei Hela und die Danziger Bucht, von wo aus ebenfalls Schiffe zur Evakuierung bereitlagen.[70] Hela wurde aus diesem Grund bis zum 9. Mai 1945 von der Wehrmacht gehalten. Doch besonders am Hafen von Pillau waren die Flüchtlinge seit Anfang Februar nicht mehr sicher vor den Geschossen der Rotarmisten.[71] Sie hofften auf eine rechtzeitige Rettung über die Ostsee. Und die Rettung kam: Schiffe der deutschen Kriegsmarine, Torpedoboote, Transportschiffe und viele Handelsschiffe wurden abberufen, um die Flüchtlinge in Sicherheit zu bringen. Währenddessen hatten bereits etliche kleinere Schiffe die Flüchtlinge von Pillau nach Swinemünde oder Danzig transportiert. Von dortigen Auffanglagern[72] aus konnten sie anschließend in größeren Schiffen weiterbefördert werden.[73] Die Mehrzahl der Schiffe hatte Wismar, Stralsund, Kiel und Flensburg zum Ziel – und seit dem 11. Februar 1945 auch Kopenhagen.[74] Den Befehl, die Flüchtlinge unter anderem in Dänemark unterzubringen, hatte Hitler persönlich am 4. Februar 1945 erteilt.[75]

---

68 Havrehed 1989. S. 25.
69 Ay 2005, S. 28.
70 Havrehed 1989, S. 28. Karte zur Verdeutlichung im Anhang, Abb. 14, S. 91.
71 Ay 2005, S. 26–27.
72 Beispielsweise Oxhöft bei Gotenhafen/Danzig.
73 Ay 2005, S. 27.
74 Havrehed 1989, S. 19. Vermutlich wurde Dänemark ausgewählt, weil es bereits seit 1943 als Erholungsgebiet genutzt wurde. Es war üblich gewesen, Kinder mit der Kinderlandverschickung nach Dänemark zu schicken.
75 Ay 2005, S. 27. Gammelgaard 2005, S. 16. Wortlaut des Führerbefehls: „Zur sofortigen Entlastung der Transportlage im Reich befehle ich: Aus dem Osten des Reichs vorübergehend rückgeführte Volksgenossen sind außer im Reich auch in Dänemark unterzubringen. Nach Dänemark sind insbesondere diejenigen Volksgenossen zu evakuieren, welche 1.) die Kriegsmarine ohne Beeinträchtigung der laufenden Truppen- und Versorgungstransporte über See transportieren kann. 2.) in den westlichen Häfen der Ostsee einschl. Stettin und Swinemünde angelandet sind und von hier mit der Bahn weiterbefördert werden müssen." Hitler ging es dabei nicht darum, die Flüchtlinge in Sicherheit zu bringen; aus dem Befehl ist zu entnehmen, dass die Scharen von Flüchtlingen dem Militär nicht den Weg versperren sollten.

Am 26. Januar 1945 wurde Konteradmiral Conrad Engelhardt, damaliger Seetransportchef der Wehrmacht, mit der Aufgabe betraut, die Flüchtlinge aus den östlichen Reichsgebieten über die Ostsee zu evakuieren. Der Nachfolger Hitlers, Großadmiral Karl Dönitz, unterstützte die Evakuierungsmaßnahmen Engelhardts.[76] In den Monaten Januar[77] bis Mai 1945 gelang es der mit der Rettungsaktion betrauten deutschen Kriegsmarine etwa 2,5 Millionen[78] ostdeutsche Flüchtlinge und verwundete Soldaten über die Ostsee in Sicherheit zu bringen. Die Evakuierungsaktion über See trug den Namen „Hannibal"[79] und entstand ohne Vorbereitung, denn keine zentrale Dienststelle der Wehrmacht oder der Marine hatte sich je mit der Frage befasst, was im Falle von Tausenden zu evakuierenden Flüchtlingen geschehen sollte.[80] Angesichts der eingetroffenen Situation wurden alle verfügbaren Schiffe zur Rettung der Flüchtlinge und verwundeten Soldaten aus dem Osten abberufen.[81] Angelaufen werden sollten seit dem Führerbefehl vom 4. Februar 1945 insbesondere alle dänischen Häfen, wie der deutsche Admiral Hans-Heinrich Wurmbach mitteilte: „1. Für Anlaufen Flüchtlingstransporter aus Ostseeraum alle Häfen Dänemarks nach Maßgabe Größenverhältnisse der Transporter geeignet, insbesondere Kopenhagen und Aarhus."[82] Tatsächlich wurden schon bald darauf ausschließlich süddänische Häfen wie Gedser, Sonderburg oder Åbenrå angesteuert, um die vielen Flüchtlinge möglichst schnell unterbringen zu können. Aus diesem Grund wurden die ostdeutschen Flüchtlinge von Libau nach Kopenhagen, von Memel nach Rønne, und von Stettin nach Aarhus transportiert.[83] In den dänischen Häfen hatten die Schiffe unter anderem die Möglichkeit, sich mit Lebensmitteln, Öl und Kohle zu versorgen.[84]

---

76 Havrehed 1989, S. 24-25.
77 Schon zuvor waren Menschen aus den Ostgebieten per Schiff in den Westen geflüchtet. Die Massenflucht, die in diesem Kapitel Thema ist, begann erst im Januar 1945.
78 Bei allen Zahlenangaben in diesem Kapitel handelt es sich um einen gerundeten ungefähren Wert, da die Aussagen der Autoren variieren. Vgl. diesbezüglich Böddeker 1980, S. 78-82 und Havrehed 1989, S. 30-34.
79 Korrespondenz Galenski.
80 Schön 2012, S. 100.
81 Böddeker 1980, S. 83.
82 Zitiert nach Havrehed 1989, S. 16-17.
83 Ebenda, S. 24.
84 Ebenda, S. 29.

Engelhardt war mit den dänischen Häfen vertraut, denn er hatte im Winter 1944/45 mehrere Truppenverbände über Aarhus aus Nordnorwegen zurückgezogen und erwies sich deshalb als der geeignete Mann, um diese Aktion durchzuführen. Die Schiffbewegungen wurden zu diesem Zeitpunkt vom Marineoberkommando Ostsee Ost in Kiel überwacht und Gert Eschricht, damaliger Schifffahrtsreferent, führte täglich Buch über die Ereignisse zu See, das einen recht genauen Eindruck von der damaligen Situation, aber auch von den menschlichen Tragödien, die sich dort ereigneten, vermittelt. Sämtliche Torpedierungen, Wetterverhältnisse ebenso wie die menschlichen Verluste, wurden aufgezeichnet.[85] Der enge Mitarbeiter Engelhardts, Fritz Brustat-Naval, war zu dem Zeitpunkt Kapitän der Handelsmarine und organisierte mit diesem und vielen Angestellten des Schifffahrtsbetriebs die umfangreichste Evakuierung über See in der Geschichte.[86] Auch eine beträchtliche Anzahl an privaten Booten und Fischkuttern brachten Flüchtlinge in Sicherheit, ebenso waren dänische Fahrzeuge als Flüchtlingsschiffe im Einsatz.[87] Havrehed betont, dass die geschätzte Anzahl von 1.985.000 Evakuierten zu gering angesetzt sei, sie sei lediglich konstruiert und deshalb nicht aussagekräftig.[88] Die Verwundetentransporter „Antonio Delfino", „Robert Ley" und die „Wilhelm Gustloff" evakuierten um die 439.000 Flüchtlinge; beinahe genauso viele Menschen wie die Handelsschiffe, die etwa 538.000 Personen in den Westen brachten.[89]

Die Fahrten über die Ostsee wurden begleitet von Ängsten und Gefahren. Die Rotarmisten und die Briten griffen die Flüchtlingsschiffe mit U-Booten und Torpedos an.[90] Am 31. Januar 1945 torpedierte Alexander Ivanovič Marinesko, Chef des sowjetischen U-Boots „S13", das ehemals größte Schiff der Kraft-durch-Freude-Aktion im Deutschen Reich: die „Wilhelm Gustloff". Nach Schätzungen befanden sich etwa 10.000 Per-

---

85 Ebenda, S. 24.
86 Ebenda, S. 25. Schön 2012, S. 112.
87 Havrehed 1989, S. 41–43. Die meisten dänischen Schiffe hatten deutsche Decknamen wie beispielsweise die „Vistula", die unter dem Namen „Würzburg" ostdeutsche Flüchtlinge nach Dänemark brachte.
88 Havrehed 1989, S. 28.
89 Ebenda, S. 28.
90 Ebenda, S. 31. Anzumerken ist, dass die Briten häufig nicht angriffen, wenn sie sicher waren, dass es sich um ein Flüchtlingsschiff handelte.

sonen[91] an Bord eines Schiffes, das für nur 2.000 Personen konstruiert worden war; sichere Angaben über die Anzahl der sich an Bord befindlichen Personen können aufgrund der damaligen Kriegswirren nicht gewährleistet werden. Offiziell ging man von den namentlich erfassten 6.600 Passagieren aus.[92] Als das Schiff in den Fluten der Ostsee versank, starben die meisten Flüchtlinge innerhalb weniger Minuten in den vier Grad Celsius kalten Wassermassen; nur um die 1.250 Menschen überlebten den Untergang der Gustloff.[93] Unter den Todesopfern befanden sich etwa 5.000 Kinder.[94] Eine der Geretteten hatte all ihre drei Kinder bei dem Unglück verloren und erlitt damit ein Schicksal, das etlichen Flüchtlingen auf ihrem Weg nach Dänemark beschieden war:

> *Als die Torpedos das Schiff trafen und erschütterten, war das älteste Kind der Frau von einem schweren Koffer zermalmt worden. Auf der Flucht aus dem Innern des Schiffes nach oben hatte die Frau ihr zweites Kind verloren. (...) Starker Wind trieb große Wellen über das Schiff hinweg. Eine dieser Wellen riß der Mutter ihr drittes Kind aus dem Arm davon in die Ostsee.*[95]

Bereits am 9. Februar 1945 folgte die Torpedierung der „General von Steuben", ebenfalls auf den Befehl Marineskos hin. Dieses Schiff war in einen Verwundetentransporter umgewandelt worden und beförderte zirka 5.000 Menschen, unter ihnen etwa 2.500 verletzte Soldaten. Als die „General von Steuben" sank, konnten nur 600 Menschen gerettet werden. Am verlustreichsten traf es allerdings die „Goya" am 16. April 1945. Sie hatte um die 6.000 Personen an Bord, von denen nur zirka 180 Menschen ihr Leben retten konnten, indem sie mit letzter Kraft auf die kleinere „Kronenfels" hinüberkletterten. Havrehed bezeichnet diese Tragödie mit rund 5.800 zu beklagenden Opfern als die größte Schiffskatastrophe der Weltgeschichte.[96] Von den 1.180 Schiffen, die an der Rettungsaktion beteiligt gewesen waren, versanken 135 durch sowjetische, aber auch durch britische Torpedos und Fliegerbomben im Meer. Trotz der zu beklagenden Opfer war die Aktion Hannibal statistisch betrachtet er-

---

91 Zumeist waren es Frauen, Kinder und alte Menschen, aber auch verwundete Soldaten.
92 Schön, Heinz: Die letzte Fahrt der Wilhelm Gustloff. Dokumentation eines Überlebenden. Stuttgart 2008, S. 88.
93 Schön 2012, S. 105.
94 Ebenda.
95 Zitiert nach Böddeker 1980, S. 78. Die Frau erzählte dies zwei deutschen Matrosen, kurz darauf starb sie selbst.
96 Havrehed 1989, S. 30.

folgreich.[97] Von 2,5 Millionen Menschen überlebten nur 20.000 die Reise nicht.[98] So ist und bleibt die Rettung von Millionen Soldaten und Flüchtlingen über die Ostsee 1945 eine herausragende Leistung der deutschen Kriegs- und der Handelsmarine.

Die Flüchtlinge waren nicht nur durch die Torpedierungen der Alliierten gefährdet, sondern auch durch die Umstände, die an Bord der überlasteten Schiffe herrschten. Nicht alle Menschen erlebten ihre Fahrt über das Meer in derselben Art und Weise. Oft herrschten auf den größeren Schiffen schlechtere Bedingungen und der Menschenandrang war groß. Bedingt durch die Vielzahl der der Menschen auf den Schiffen gab es kaum Plätze für die Kranken, es fehlte an Medikamenten und ärztlicher Unterstützung.[99] Des Weiteren soll die Verpflegung im Allgemeinen aus Kaffee und Suppe bestanden haben.[100] Fritz Brustat-Naval schrieb über die herrschenden Verhältnisse auf der „Monte Rosa": „Unsere Kammern waren voll Ungeziefer, besonders Flöhe, und der Dreck war unbeschreiblich."[101] Gertrud Will bestieg mit ihrem fünf Jahre alten Sohn Winfried Ende März 1945 die „Jupiter" in Richtung Kopenhagen und äußert sich zu den Umständen an Bord wie folgt:

> *Hier sitzen wir auf dem Schiff bereits zwei Tage im Schmutz und Ungeziefer (Kopfläuse, Kleiderläuse). An Schlaf ist nicht zu denken. Ausgeschifft werden wir noch nicht. Nur die Toten wurden ausgeladen. Unser kranker Winfried liegt auf einem kahlen Tisch. (…) Wenn man uns noch lange auf dem Schiff läßt, werden wir alle krank. Verpflegung sehr knapp: fünf Schiffszwieback, groß wie Würfelzucker für den ganzen Tag. Wir hungern. (…) Kein Wasser da.*[102]

Bei diesen Zuständen ist es nachvollziehbar, dass so viele Menschen, die die Flucht bis in die ostpreußischen Häfen überlebt hatten, schließlich an Bord der Schiffe ihr Leben lassen mussten. Besonders Kinder, alte und kranke Menschen waren davon betroffen. Brustat-Naval schrieb bestürzt: „Täglich schrieb ich von 11 bis 12 Uhr Totenscheine, die ein Arzt

---

97 Ebenda.
98 Ay 2005, S. 29.
99 Havrehed 1989, S. 39. Auf manchen Schiffen hatte es Ärzte unter den Flüchtlingen gegeben, aber auch diese konnten ohne medizinische Ausrüstung wenig ausrichten.
100 Gammelgaard 1993, S. 16.
101 Zitiert nach Gammelgaard 2005, S. 17.
102 Zitiert nach Havrehed 1989, S. 49–50.

mir diktierte. Ich war damals erschüttert über die hohe Zahl der Kleinkinder und alten Menschen, die an Bord nach den vorangegangenen Strapazen starben."[103] Gammelgaard bezeichnet die hygienische Lage an Bord als „katastrophal", während Mix ergänzt, dass etliche Passagiere mit Läusen und Krätze zu kämpfen hatten.[104] Daraufhin verstarben vermutlich viele an Infektionen.

Die Schiffe, die schließlich an den dänischen Häfen anlegten, wurden mit den Monaten zahlreicher und die Personenanzahl unübersichtlicher. Am 1. April 1945 trafen vier Flüchtlingsschiffe in Kopenhagen ein; an Bord befanden sich insgesamt 9.700 Flüchtlinge und 4.000 verwundete Soldaten.[105] Die Lage in den letzten Kriegsmonaten spitzte sich zu, die Wehrmacht war organisatorisch nicht mehr Herr der Lage. Daraufhin verlangte Generaloberst Georg Lindemann Ende April 1945 die sofortige Einstellung der Flüchtlingstransporte nach Dänemark. Admiral Dönitz jedoch befahl deren Fortführung; aus diesem Grund liefen die Transporte nach Dänemark bis Ende Mai 1945 weiter.[106] Kopenhagen wurde von einigen Schiffen gleich mehrmals angesteuert.[107] Sie waren mitverantwortlich für die beeindruckende Anzahl von rund 137.000 Flüchtlingen, die allein in Kopenhagen Zuflucht fanden.[108] Festzuhalten ist, dass zirka 25 % der 2,5 Millionen Ostflüchtlinge in Dänemark eintrafen, von denen etwa 115.000 aus Ostpreußen stammten.[109]

---

103 Zitiert nach Gammelgaard 2005, S. 17. Havrehed 1989, S. 39. Auf dem Schiff „Mars" organisierten sich die Passagiere, um Kranken und Verletzten Hilfe leisten zu können oder die hygienischen Zustände zu verbessern.
104 Mix 2005, S. 35.
105 Havrehed 1989, S. 31.
106 Ebenda, S. 34.
107 Ebenda, S. 45. Die acht bekanntesten waren: Pretoria, Antonio Delfino, Ubena, Kanonier, Mars, Herkules, Urundi und Potsdam.
108 Ebenda.
109 Ebenda, S. 46 und S. 352. Nicht alle blieben lange dort.

III Wahrnehmung in Dänemark

1. Dänemark im Zweiten Weltkrieg

„Selten sind Flüchtlinge irgendwo willkommen."[110]

Nach den Strapazen der Flucht waren um die 250.000 erschöpften Flüchtlinge per Schifftransport über die Ostsee oder per Bahn in Dänemark eingetroffen.[111] Etliche erfuhren erst zu diesem Zeitpunkt, dass Dänemark das Ziel ihrer Reise gewesen war.[112] Die Dänen zeigten sich beim Anblick der zu tausenden vom Elend der Flucht gezeichneten Menschen distanziert bis abweisend. Diese Haltung lag in der vorangegangenen Besatzungszeit durch die Deutschen im Zweiten Weltkrieg begründet. Geprägt durch die mehrheitlich sozialdemokratische Staatsführung in Dänemark unter Thorvald Stauning betrieb Dänemark bereits vor der Ernennung Hitlers zum Reichskanzler im Jahr 1933 eine Abrüstungspolitik. Auch nach 1933 wurde diese Linie in der dänischen Politik weiterverfolgt. Zwar verfolgte Dänemark die Entwicklungen im angrenzenden Deutschen Reich mit wachsender

---

110 Ebenda, S. 77.
111 Gammelgaard 1997, S. 26. Olesen, Jens E.: Flucht, Internierung und Isolation. Aspekte dänischer Flüchtlingspolitik 1945–1949, in: Bohn, Robert, Wegener Friis, Thomas, Scholz, Michael F. (Hg.): Østersøområdet – fra Anden Verdenskrig til den Kolde Krig, Middelfart 2007, S. 244–267, hier S. 249. Neben den 250.000 Flüchtlingen befanden sich bis zum 5. Mai 1945 37.000 deutsche Soldaten, 207.000 verwundete Soldaten und 250.000 Soldaten der Besatzungstruppen auf dänischem Territorium. Nicht alle Flüchtlinge waren mit dem Schiff in Dänemark angekommen, Einige der Fluchtschiffe liefen den Hafen Saßnitz an, von wo aus es mit Zügen auf der Strecke Stralsund-Rostock-Hamburg-Schleswig-Flensburg bis nach Dänemark weiterging.
112 Gammelgaard 2005, S. 57. Mix 2005, S. 14. Mix lässt einige Zeitzeugen diesbezüglich zu Wort kommen. Die meisten reagierten erleichtert auf diese Information, während andere ihre Enttäuschung darüber, sich außerhalb Deutschlands zu befinden, nicht verbergen konnten.

Unruhe[113], jedoch wollte das kleine Land Deutschland nicht provozieren und seinen Unmut auf sich lenken. Erschwerend kam hinzu, dass Sir Winston Churchill verkündet hatte, im Falle eines deutschen Angriffs auf Skandinavien sei für Norwegen und Schweden mit britischer Unterstützung zu rechnen; für Dänemark gelte das nicht.[114] Aus diesem Grund schloss Dänemark am 31. Mai 1939 einen Nichtangriffspakt mit Deutschland, bei welchem der reguläre Handel mit Drittländern wie beispielsweise Großbritannien nicht beeinträchtigt werden sollte. Doch bereits am 9. April 1940 brach Hitler diesen Pakt und deutsches Militär besetzte unter dem Decknamen „Weserübung" innerhalb weniger Stunden Dänemark, offiziell um es vor Großbritannien zu schützen.[115] Einen bedeutenden Widerstand hatte es nicht gegeben.[116] Wenige Stunden später kapitulierte der damalige König Christian X. ebenso wie die dänische Regierung.[117]

Um die Bevölkerung zu schützen, wurde die Besetzung Dänemarks durch die Deutschen akzeptiert, jedoch nicht befürwortet. Die dänische Regierung protestierte ausdrücklich gegen die verletzte Neutralität des Landes und fühlte sich fortan von den Deutschen hintergangen. Offiziell galt die Okkupation künftig allerdings als eine „friedlichen Besetzung" und Deutschland und Dänemark einigten sich auf eine Politik der Zusammenarbeit.[118] Diese Einigung resultierte aus einer Abmachung zwischen Deutschland und Dänemark, nachdem dem deutschen Diplomaten Cécil Renthe-Fink von dem dänischen Außenminister Peter Munch ein Schriftstück überreicht worden war, in welchem Dänemark seine politische Position erklärte.[119] Renthe-Fink ga-

---

113 Findeisen, Jörg-Peter (Hg.), Dänemark. Von den Anfängen bis zur Gegenwart, Regensburg 1999, S. 214. Insbesondere die Aggressionen gegen die Tschechoslowakei und Österreich, denn Dänemark fürchtete seinerseits um Auseinandersetzungen wegen Nordschleswig.
114 Gammelgaard 2005, S. 21. Findeisen 1999, S. 215. Grund für Churchills verweigerte Unterstützung war die geographische Nähe zu Deutschland.
115 Mix 2005, S. 19. Allerdings drohte Deutschland bei verweigerter Kooperation mit der Bombardierung Kopenhagens.
116 Ebenda. Lediglich an der nördlichen Grenze zu Deutschland waren elf Soldaten gefallen.
117 Ebenda.
118 Ay 2005, S. 33. Gammelgaard 2005, S. 22–23.
119 Salewski, Michael: Das Wesentliche von „Weserübung", in: Bohn, Robert (Hg.), Neutralität und totalitäre Aggression. Nordeuropa und die Großmächte im Zwei-

rantierte Munch daraufhin die territoriale Integrität und Souveränität des dänischen Staates. Die Dänen sollten weiterhin selbst regieren dürfen, während Deutschland sich mit Militärbasen begnügen und außerdem die politische Neutralität Dänemarks akzeptieren würde.[120] Dänemark nahm ab diesem Moment völkerrechtlich eine Sonderstellung unter den von Deutschland besetzten Ländern ein und berief sich 1945 in der Flüchtlingsdebatte auf eben diese Position. Bis dahin wurde die dänische Bevölkerung durch die Besetzung kaum in ihrem Alltagsleben beeinträchtigt, lediglich die Wirtschaft wurde für deutsche Kriegszwecke in Anspruch genommen.[121] Dennoch lehnte die Mehrheit der Dänen die begrenzte Zusammenarbeit mit Deutschland entschieden ab und allmählich entwickelte sich daraus Widerstand[122] im Untergrund der dänischen Bevölkerung. Diese Widerstandsgruppen und Untergrundkämpfer kamen ins Gefängnis oder in Konzentrationslager, wenn sie von der Gestapo ausfindig gemacht und aufgegriffen werden konnten.[123] Aufgrund dieser Vorkommnisse trat die dänische Regierung am 29. August 1943 zurück. Daraufhin wurde der Sitz der Staatssekretäre unter Vorsitz von Nils Svenningsen, Direk-

---

ten Weltkrieg, Stuttgart 1991 (= Historische Mitteilungen, Im Auftrage der Ranke-Gesellschaft, Vereinigung für Geschichten im öffentlichen Leben e. V., herausgegeben von Michael Salewski und Jürgen Elvert, Beiheft 1), S. 117-129. Hier S. 125. Zitiert nach Mix 2005, S. 19: „Herr Gesandter! Die Königliche Dänische Regierung hat sich mit dem Inhalt der mir heute Morgen von Ihnen überbrachten Schriftstücke bekannt gemacht. Sie hat davon Kenntnis genommen, daß das Betreten des Dänischen Bodens von deutschen Truppen nicht in feindseliger Gesinnung erfolgt ist sowie dass die deutsche Reichsregierung nicht die Absicht hat, durch ihre Maßnahmen die territoriale Integrität des Königreichs Dänemark jetzt oder in Zukunft anzutasten." Dass die Okkupation friedlich ablaufen sollte, war ein wesentlicher Bestandteil der großgermanischen Weltanschauung. Das dänische Volk (ebenso wie das norwegische) wurde von den Deutschen nicht als artfremd betrachtet.

120 Findeisen 1999, S. 217.
121 Gammelgaard 2005, S. 23.
122 Mix 2005, S. 21-22. Gammelgaard 1993, S. 20. Die dänische Widerstandsbewegung hatte zu Beginn wenig Resonanz in der eigenen Bevölkerung. Entscheidenden Anteil an der Akzeptanz dieser Bewegung hatten schließlich die Kriegsgeschehnisse. Durch die Deportationen dänischer Juden 1943 hatte das Verhältnis sich bereits verschlechtert.
123 Gammelgaard 1993, S. 20. Im September 1944 wurde ein Großteil der dänischen Polizei wegen des Verdachts auf Korruption mit der Widerstandsbewegung von der Gestapo festgenommen und nach Neuengamme oder Buchenwald deportiert.

tor des Außenministeriums, gebildet.[124] Svenningsens Verhandlungspartner auf deutscher Seite war Dr. Werner Best, seit der Besetzung Reichsbevollmächtigter in Dänemark. Das Verhältnis zwischen der Wehrmacht und der dänischen Verwaltung hatte sich in den letzten beiden Kriegsjahren aufgrund der erstarkten Widerstandsbewegung zunehmend verschlechtert. Unter anderem deshalb war das deutsch-dänische Verhältnis sehr angespannt und die Dänen nach den fünf langen Besatzungsjahren nicht gewillt, die Flüchtlinge aufzunehmen, die ab Februar 1945 in ihrem Land eintrafen.[125]

2. Die Unterbringung deutscher Flüchtlinge vor der Kapitulation

Obgleich die Dänen nicht bereit waren, die Flüchtlinge in ihrem Land willkommen zu heißen, mussten diese dennoch auf unbestimmte Zeit in Dänemark untergebracht werden. Die Flüchtlinge, die von Februar bis Mai 1945 in Dänemark eintrafen, standen unter der Obhut der Wehrmacht, die auch für deren Unterbringung und Verpflegung zuständig war.[126] Zunächst wurden die Flüchtlinge in die Kasernen und weitere Einrichtungen[127] der Wehrmacht einquartiert, doch die hohe Anzahl und der stete Andrang der Flüchtlinge machten weitere Unterbringungsmöglichkeiten bald dringend erforderlich.[128] Da Dänemark seine Unterstützung bei der Versorgung und Unterbringung der deutschen Flüchtlinge verweigert hatte[129], unternahm die Wehrmacht es bereits im Februar 1945 dänische Gebäude zu beschlagnahmen sowie Bezugskarten für Lebensmittel zu konfiszieren. Der dänische Regierungspräsident Peter Herschend äußerte sich zu den Beschlagnahmungen wie folgt:

---

124 Nach Ay 2005, S. 33–34.
125 Ebenda.
126 Gammelgaard 1993, S. 20–21.
127 Mix 2005, S. 20. Bei diesen Einrichtungen handelte es sich um von den Deutschen errichtete Kasernen oder Bauten zu militärischen Zwecken.
128 Havrehed 1989, S. 16. Mix 2005, S. 14.
129 Havrehed 1989, S. 21. Gammelgaard 1993, S. 21. Dänemark bezog sich dabei auf die Regierungserklärung vom 9. April 1940, nach welcher es ausdrücklich als „besetztes Land", nicht als ein erobertes, bezeichnet wird.

Die Gebäude, die die Wehrmacht beschlagnahmte, waren verschiedensten Charakters. Es konnte sich um ein einzelnes Zimmer, um eine ganze Wohnung in einem Wohngebäude, um eine Villa (...), einen ganzen Wohnblock, Werkstätten, Lagerräume, Rittergüter, Schulen jeder Art (...), Hotels, Dorfkrüge, Versammlungshäuser, (...), Haftgebäude, Gerichtsgebäude, Museumsgebäude (...), ja um ganze Dörfer mit den dazugehörigen landwirtschaftlichen Flächen handeln.[130]

Insgesamt dienten in dem Zeitraum Februar bis Mai 1945 um die 1.100 Orte als Flüchtlingsunterkünfte.[131] Am 8. Februar 1945 begann die Requirierung der dänischen Schulen, die neben allen anderen Provokationen ganz besonders den Unmut der Dänen erweckte. Beinahe jede Kleinstadt und Gemeinde litt unter der Beschlagnahmung der Unterrichtsräume, insbesondere davon betroffen war die Hauptstadt Kopenhagen. Die Dänen fassten dieses Unterfangen als einen Affront gegen ihr kulturelles Leben und die Bildung ihrer eigenen Kinder auf, da der gesamte Schulbetrieb zugunsten der unwillkommenen Flüchtlinge unterbunden wurde.[132] Havrehed erwähnt im Zusammenhang mit diesen Geschehnissen die beginnende revolutionäre Stimmung im dänischen Volk.[133] Vorwiegend verliefen die Beschlagnahmungen der Gebäude jedoch weitgehend ruhig. Die Darstellungen der Flüchtlinge unterscheiden sich erheblich in der Beschreibung ihrer Wohnsituation vor der Kapitulation. Flüchtlinge, die in Schulen oder Fabrikgebäuden untergebracht worden waren, lebten teils für einige Monate unter beinahe menschenunwürdigen Umständen.[134] Die Berichte einzelner Flüchtlinge über ihre Aufnahme in Dänemark variieren ebenfalls hinsichtlich persönlicher Erfahrung, Ankunftszeit und Region.[135] Daher mussten sich diejenigen, die in beschlagnahmten Gebäuden untergebracht worden waren, auf eine größere Feindseligkeit seitens der Dänen einstellen als die Flüchtlinge, die beispielsweise bei der Deutschen Volksgruppe in Nordschleswig einquartiert worden waren. In Nord-

---

130 Zitiert nach Havrehed 1989, S. 59.
131 Ebenda.
132 Ebenda, S. 61–64.
133 Ebenda, S. 61.
134 Gammelgaard 1993, S. 34. Beispielsweise wurden 150 Flüchtlinge bei Saksköbing für sechs Monate auf dem Speicher des Hofes Nörregard zusammengedrängt. Wurde man dagegen bei Graenseborgen bei Kolding untergebracht, erging es den Flüchtlingen sehr gut.
135 Mix 2005, S. 28.

schleswig war es bis zur Kapitulation im Mai 1945 nicht unüblich, dass Flüchtlinge in Hausgemeinschaften Zuflucht fanden.[136] In der Zeit zwischen Februar und Mai 1945 nahm die deutsche Volksgruppe 20.000 Ostdeutsche auf.[137] Deren Unterbringung, Verpflegung und Unterhaltung[138] wurde vom Hauptsitz der deutschen Volksgruppe in Zusammenarbeit mit den deutschen Büros in Haderslev, Sonderburg, Apenrade und Tondern organisiert, des Weiteren bekamen die privat untergebrachten Flüchtlinge Bezugskarten.[139] Grundsätzlich erhielten alle Flüchtlinge von der Wehrmacht eine Krone pro Tag[140] und durften sich frei in den Städten bewegen.[141] In der Regel gab es dabei kaum Zusammenstöße zwischen den Deutschen und den Dänen, nur in Kopenhagen[142] kam es teils zu kleineren Auseinandersetzungen.[143] Darüber hinaus verhielten die deutschen Flüchtlinge sich so unauffällig wie möglich.[144]

3. Offizielle Reaktionen

Die Nutzung dänischen Territoriums als Evakuierungsort für verwundete deutsche Soldaten oder Flüchtlinge aus dem Deutschen Reich geht weit über die wiederholt proklamierten Zwecke der Besetzung hinaus und widerspricht den deutschen diesbezüglichen Erklärungen. Die geplanten Maßnahmen sind eher als willkürliche Nutzung eines Territoriums innerhalb des deutschen Machtbereichs anzusehen. Die Besetzung Dänemarks hat einen solchen Charakter, dass man dänischerseits mindestens die Rechte fordern kann, die bezüglich eines besetzen feindlichen Gebiets aus der Haager Landkriegsordnung abzuleiten sind.[145]

---

136 Ebenda.
137 Havrehed 1989, S. 22.
138 Ebenda, S. 22. Es wurden Bücher und Filme bereitgestellt.
139 Ebenda, S. 22.
140 Ay 2005, S. 31. Kinder erhielten 50 Öre, teils waren die Zuwendungen auch höher.
141 Ebenda. Hin und wieder kam es zu Konflikten beim Einkaufen, weil die Flüchtlinge dabei negativ auffielen.
142 Dort war der Großteil der Flüchtlinge untergebracht.
143 Ay 2005, S. 36. Mix 2005, S. 28.
144 Ay 2005, S. 36. Olesen 2007, S. 251. Sie hatten diesbezüglich Verhaltensanweisungen von der Wehrmacht erhalten.
145 Zitiert nach Gammelgaard 2005, S. 50.

3. Offizielle Reaktionen

In Kopenhagen hatte der Führerbefehl für heftige Diskussionen gesorgt, denn er stieß bei den dänischen Politikern allgemein auf Ablehnung. In Silkeborg hatten der dänische Staatssekretär Peter Herschend und der Vertreter Dr. Bests, der deutsche Landrat Dr. Caspar, über die einzuleitenden Maßnahmen bezüglich des Flüchtlingsansturms verhandelt. Die oben zitierte Note[146] schickte Svenningsen am 10. Februar 1945 an seinen deutschen Verhandlungspartner Dr. Best. Die Missbilligung gegenüber der „willkürlichen Nutzung" des von den Deutschen besetzten Territoriums ist darin deutlich artikuliert. Die Unterbringung der Flüchtlinge widersprach nicht nur der 1940 von deutscher Seite garantierten Souveränität und territorialen Integrität Dänemarks, sondern missachtete außerdem den Protest Svenningsens, der sich vorab in Verhandlungen mit Dr. Best deutlich gegen die Unterbringung der Flüchtlinge auf dänischem Territorium ausgesprochen hatte. Dieses Kapitel skizziert die Verhandlungen bezüglich der Flüchtlingsdebatte und deren Folgen.

Durch den „Führerbefehl" Hitlers wurde Dänemark zum zweiten Mal von den Deutschen besetzt und blieb das einzige Land, das während des Zweiten Weltkrieges eine zweite Besetzung durch die Deutschen erlebte. Völkerrechtlich betrachtet schuf der Führerbefehl abermals einen Präzedenzfall in Dänemark; bis dahin war es noch niemals vorgekommen, dass eine Besatzungsmacht große Teile seiner eigenen Bevölkerung in dem okkupierten Land unterzubringen gedachte und es in Folge dessen auch tat.[147] Alle Proteste konnten nicht verhindern, dass die Dänen schließlich vor vollendete Tatsachen gestellt wurden. Bei den Verhandlungen in Kopenhagen am 31. Januar 1945 war die Verschiffung der Flüchtlinge nach Dänemark bereits eingeleitet.[148] Selbst der Reichbevollmächtige Dr. Best sah die Lage als hoffnungslos an. Bei einem Treffen am 5. März 1945 in Berlin äußerten die anwesenden Vertreter der Ministerien ihm gegenüber die Absicht bis zu zwei Mil-

---

146 Es handelt sich dabei um einen Ausschnitt.
147 Havrehed 1989, S. 15.
148 Ebenda. Mix 2005, S. 13. Am 11. Februar 1945 legte das erste Flüchtlingsschiff, die „Wartheland", am Hafen von Kopenhagen an. Noch 1943 hatte die Wartheland dazu gedient, dänische Juden nach Deutschland zu transportieren. Nun erreichten mit eben diesem Schiff „1.250 liegende, 778 Verwundete und 200 Flüchtlinge" Kopenhagen.

lionen ostdeutsche Flüchtlinge in Dänemark unterzubringen. Des Weiteren intendierte man jeweils einen Deutschen in jeder dänischen Familie einzuquartieren. Best sprach sich gegen dieses Vorhaben aus und führte an, dass dies zu chaotischen Zuständen und der Gefährdung der Flüchtlinge führen würde. Er verwies darauf, die Flüchtlinge in Wehrmachtsgebäuden unterzubringen, realistisch betrachtet könnten um die 100.000 Flüchtlinge in Dänemark aufgenommen werden.[149] Während den dänischen Behörden gegenüber lediglich von „einigen Tausend" gesprochen wurde, bestand die Forderung von deutscher Seite darin, kurzfristig Unterkünfte für etwa 150.000 deutsche Flüchtlinge bereitzustellen.[150]

Die dänischen Behörden lehnten jede Unterstützung ab und beriefen sich unter anderem auf die Haager Konvention, nach welcher das Wohlergehen der Flüchtlinge nicht im Verantwortungsbereich der Dänen lag. Die mögliche Unterbringung der Flüchtlinge sowie deren Versorgung sollte alleinige Aufgabe der Deutschen sein.[151] Nach der fünf Jahre andauernden Besetzung, der Missachtung der dänischen Souveränität und letztlich durch die Verletzung des Völkerrechts durch die zweite Besetzung 1945 hatte die deutsch-dänische Beziehung ihren Tiefpunkt erreicht.

4. Die Haltung des dänischen Volkes und die Widerspiegelung in der Presse

Dann kamen die Flüchtlinge. Die haben sich als das Herrenvolk benimmt [sic!]. Haben auch Dänen gespuckt und geschimpft. Haben Laden von dem wenigen, was die nach fünf Jahre Besatzung noch hatten geplündert. Hat der Besitzer sich gehen gesetzt, haben die eine deutsche Offizier geholt, der mit Pistole im Hand verlangt haben, dass die Flüchtlinge das bekommen. Von der Wehrmacht (Von DK gestohlen) bekamen die Flüchtlinge Taschengeld: 1 DDK pro Tag, Kinder 0,50. Mein Vater haben für 48 Stunden harte

---

149 Havrehed 1989, S. 20. Gammelgaard 1993 S. 21.
150 Ebenda, S. 21. Best gab später an, nichts von den 150.000 Flüchtlingen gewusst zu haben. Wahrscheinlich hatte er wenig Einfluss auf die tatsächliche Anzahl der Flüchtlinge.
151 Mix 2005, S. 13.

Arbeit auf ein Gaswerk 40 Kr. pro Woche verdient. (...) Ich muss zugeben, dass ich alle Deutsche gehasst habe.[152]

Ebenso wie die dänischen Behörden zeigte sich das dänische Volk den deutschen Flüchtlingen gegenüber mehrheitlich abweisend.[153] Vor der Kapitulation am 8. Mai 1945[154] konnten die Flüchtlinge sich noch relativ frei in Dänemark bewegen und erregten folglich mehr Aufmerksamkeit unter der dänischen Bevölkerung als nach der Kapitulation und ihrer Internierung in unterschiedliche Lager. Sie fielen den Dänen dabei in mancher Hinsicht unangenehm auf; dies war besonders beim Einkaufen der Fall, wie es auch der Zeitzeuge Olaf Nielsen in Erinnerung hat. Havrehed zitiert einen dänischen Zeitzeugen, Børge Outze, der ähnliche Erlebnisse schildert: „Wo es ihnen möglich war, klapperten die deutschen Flüchtlingsfrauen die Läden der Städte ab und rissen an sich, was sie haben wollten, oft ohne zu zahlen. Es kam öfters zu kleinen Zusammenstößen mit Dänen." [155] Auch Mix greift dieses Zitat[156] auf, lässt es allerdings unkommentiert, während Havrehed diese Vorkommnisse als Episoden und somit als Ausnahmen wertet, die sich auf Kopenhagen beziehen. Dass Olaf Nielsen ebenfalls aus Kopenhagen stammt, könnte besonders zu seiner deckungsgleichen Aussage beigetragen haben. Der Vorwurf Nielsens „Hat der Besitzer sich gehen gesetzt, haben die eine deutsche Offizier geholt, der mit Pistole im Hand verlangt haben, dass die Flüchtlinge das bekommen.", stimmt ebenfalls mit den Berichten anderer Zeitzeugen überein.[157] Nielsen erwähnt außerdem, dass die Flüchtlinge dänisches Geld von der Wehrmacht erhielten und beschuldigt diese, das Geld von den Dänen gestohlen zu haben. Weder Mix, Havrehed noch Gammelgaard machen in ihren Werken Aussagen darüber. Deutlich wird aus dieser

---

152 Olaf Nielsen, 1938 in Kopenhagen geboren. Der Textauszug stammt aus seinem Brief.
153 Mix 2005, S. 29. Dies lag unter anderem auch in den Drohungen der Widerstandsbewegungen begründet, die es missbilligte, dass Dänen mit Deutschen in irgendeiner Art und Weise kooperierten.
154 Die Wehrmacht kapitulierte in Dänemark am 5. Mai 1945. Nachfolgend wird allerdings von der Kapitulation am 8. Mai gesprochen.
155 Havrehed 1989, S. 54.
156 Mix 2005, S. 30.
157 Havrehed 1989, S. 54.

Anklage allerdings die Missgunst Nielsens gegen die Deutschen, denen es seinem Empfinden nach besser erging als seiner eigenen Familie.
Viele ehemalige Flüchtlinge berichten aber auch, dass sie keine Anfeindungen zu spüren bekamen, sondern dass es sich um Zurückhaltung oder Misstrauen den Fremden gegenüber gehandelt habe.[158] Eine gewisse Scheu begleitet von Misstrauen kann den Dänen aufgrund der Vorgeschichte mit den Deutschen nicht zur Last gelegt werden. Nach der Kapitulation Deutschlands am 8. Mai 1945 änderte sich die Stimmung im Land und damit auch die Haltung des dänischen Volkes gegenüber den Flüchtlingen radikal. Die gesamten letzten Monate hatten die Dänen angenommen, dass es sich bei der Unterbringung der Flüchtlinge um eine vorläufige Maßnahme aufgrund der Kriegsgeschehnisse in Deutschland handelte. Die Flüchtlinge selbst waren darauf eingestellt gewesen und hatten nicht beabsichtigt, länger als nötig in dem fremden Land zu bleiben. Mit der Kapitulation Deutschlands und dem Ende des Krieges wurde zwar die Wehrmacht aus Dänemark abgezogen, die Entscheidung darüber, was nun mit den deutschen Flüchtlingen geschehen sollte, lag aber in der Hand der Alliierten.[159] Diese entschieden, dass die Flüchtlinge vorerst in Dänemark besser aufgehoben seien; die Stimmung des dänischen Volkes veränderte sich dementsprechend zum Nachteil der Flüchtlinge. Dieser Stimmungswandel schlug sich auch in der dänischen Presse nieder. In Leserbriefen, Leitartikeln und Pressebeiträgen wurden die Flüchtlinge beschimpft und verurteilt. Am 9. September 1945 erschien in der dänischen Tageszeitung „Politiken" folgender Artikelausschnitt:

> *Es waren überwiegend Frauen, Kinder und alte Männer (…) Es waren Not und Elend des Krieges, die über unsere Schwelle kamen. Tief im Herzen mussten wir den Funken von angeborenem Mitleid und Hilfsbereitschaft ersticken, der versuchte weiterzuwachsen, als wir stumm und verschlossen ihren Einzug beobachteten. Das war eine ungebetene und unwillkommene Gästeschar, die Platz nahm an unseren Tischen und Tellern. (…) Wir wandten den Rücken, wir gifteten sie an, oder wir sahen durch die hindurch. Es waren ihre Männer, Söhne, Brüder und Väter, die brutal und grausam alles*

---
158 Mix 2005, S. 29. Mix spricht an dieser Stelle selbst als Zeitzeuge, hinzu kommt die Aussage von Walter Scheffler.
159 Ay 2005, S. 36. Mix 2005, S. 34. Außer Bornholm, die Insel wurde von den Sowjets besetzt und scheidet damit aus der Untersuchung über deutsche Flüchtlinge in Dänemark aus.

Schöne und Ehrwürdige niedergetrampelt hatten; (...) Sie sollten merken, wie sehr wir sie hassten.[160]

Dieser Ausschnitt spiegelt die Haltung vieler Dänen deutlich wider und sie ist durchaus verständlich, wenn man bedenkt, in welcher Lage Dänemark sich nach der Kapitulation befand. Fünf Jahre war das kleine Land von den Deutschen besetzt gewesen und musste nun zusätzlich, ohne eigene Entscheidungs- und Handlungsbefugnis, eben den Menschen als Zuflucht dienen, deren Volk den Krieg doch erst in ihr Land gebracht hatte. Eine überaus schwierige und paradoxe Situation. Die Missgunst vieler Dänen, die sich dazu gedrängt sahen, die unzähligen fremden Menschen nun aus eigenen Mitteln zu versorgen, muss deshalb differenziert betrachtet werden. Da seit der Kapitulation die Zensur der Presse aufgehoben worden war, wurde der Unmut gegen die Flüchtlinge eventuell freigiebiger geäußert.[161] Allerdings erfuhren die Flüchtlinge auch nach der Kapitulation noch Freundlichkeit und Hilfsbereitschaft, dies kann aus mehreren Zeitzeugenberichten entnommen werden. Erna Lindner floh mit ihrer Familie nach Dänemark, bevor sie Zuflucht in Wanderup bei Flensburg fanden. Sie betont ausdrücklich, dass sie besonders von den Dänen sehr nett aufgenommen worden seien. Auch dänische Pastoren[162] in Wanderup hätten sich stets sehr um das Wohlergehen der Flüchtlinge bemüht.[163] Ähnliche Erfahrungen sind aus dem Bericht der Zeitzeugin Agnes Sauermann zu entnehmen, die mit ihrer Mutter und Tante aus Königsberg über Pillau vermutlich im April 1945[164] in Dänemark eingetroffen war. Dort angekommen verbrachten sie die erste Zeit in dem Durchgangslager Aarhus in Kragelund. Erst im Frühjahr 1946

---

160 Zitiert nach Mix 2005, S. 16.
161 Havrehed 1989, S. 78. Besonders in folgenden Zeitungen wird die Stimmung aus vielen Leserbriefen ersichtlich: Information, Land og Folk und Ekstra-Bladet.
162 Ay 2005, S. 54–56. Olesen 2007, S. 254. Viele dänische Pastoren spendeten den deutschen Flüchtlingen Halt und Trost in den schweren Zeiten. Ehrenamtlich konnten sie in den Lagern arbeiten. Dies wurde von vielen Dänen missbilligt, dennoch wurde der Kirchendienst der Flüchtlingsverwaltung als eine eigene Abteilung unterstellt. Unter den evangelischen Pfarrern war auch der Theologe Gerhard Delling, der in späteren Jahren als Theologieprofessor in Greifswald tätig war. Etwa 60 Pfarrer appellierten in einer Erklärung vom 24. Juni 1945 an die dänische Bevölkerung für Mitgefühl und Moral gegenüber den Flüchtlingen.
163 Brief Erna Lindner.
164 Zeitzeugin ist sich nicht mehr sicher, ob es April war.

wurden sie in die Lager Aalborg I und II umgesiedelt, in welchen sie bis Ende 1948 verblieben. 1948 war Frau Sauermann erst sieben Jahre alt, erinnert sich aber sehr differenziert und berichtet sowohl von Anfeindungen auf dänischer Seite[165], aber ebenso von Freundlichkeit und Mitgefühl.

---

165 Sie wurde beispielsweise von einigen Dänen als „Tyske swin" beschimpft, betont aber ausdrücklich, dass nicht alle Dänen sich derartig verhalten hätten.

IV Deutsche Flüchtlinge unter dänischer Obhut

1. Organisation und Verwaltung

Mit der Kapitulation Deutschlands am 8. Mai 1945 begann eine Periode chaotischer Verhältnisse im Hinblick auf den Umgang mit den unerwünschten deutschen Flüchtlingen; Es gab keinerlei Präzedenzfälle oder Richtlinien, an denen sich die dänischen Behörden hätten orientieren können. Darüber hinaus hatten die Flüchtlinge gehofft, nach Ende des Krieges in ihre Heimat zurückkehren zu können; in diesem Verlangen waren sich die Deutschen und die Dänen einig.[166] Da es Dänemark nicht möglich war, die Flüchtlinge nach Artikel 20 der Haager Landkriegsordnung als Kriegsgefangene nach Deutschland auszuweisen, musste das kleine Land sich ihrer vorerst annehmen.[167] Auf sie wurde nunmehr Artikel 14 des dänischen Ausländergesetzes angewandt, wonach „Personen, denen nach Maßgabe des Gesetzes der Aufenthalt hierzulande verweigert werden kann, bis zu ihrer Ausweisung unter Aufsicht und Bewachung untergebracht werden können, bis die Ausweisung stattfinden kann."[168] Niemand wusste genau, wie lange die Flüchtlinge in Dänemark verbleiben würden, deshalb trug die Fürsorge für sie im hohen Maße den „Charakter der Vorläufigkeit".[169]

---

[166] Havrehed 1989, S. 90. Ay, S. 38.
[167] Artikel 20: Nach dem Friedensschlusse sollen die Kriegsgefangenen binnen kürzester Frist in ihre Heimat entlassen werden. http://www.smixx.de/ra/Links_U-Z/hlko.pdf. (Letzter Zugriff am 14. Juni 2015).
[168] Zitiert nach Havrehed 1989, S. 9.
[169] Zitiert nach Langberg, Knud: Flüchtlingsleben in Dänemark, Stuttgart 1951, S. 20. „Die sehr umfassende Fürsorge, die auf diese Weise eingerichtet wurde, trug in hohem Grade den Charakter der Vorläufigkeit, da keine verantwortliche Behörde annahm, daß sie länger als einige Monate dauern würde."

Demzufolge wurden die bisher von der Wehrmacht verwalteten Flüchtlingslager unter dänische Kontrolle gebracht. Am 8. Mai 1945 befanden sich etwa 250.000 Flüchtlinge in Dänemark, hinzu kamen um die 290.000 deutschen Soldaten, unter denen an die 80.000 verwundet oder krank waren.[170] Gemäß der Absprache zwischen dem Oberkommandierenden der britischen Streitkräfte in Dänemark, Generalmajor Richard Dewing, und dem Stabschef des Wehrmachtsbefehlshabers in Dänemark, Generalmajor Hellmuth Reinhardt, wurden alle Soldaten sofort des Landes verwiesen. Die Verwundeten jedoch sowie alle Flüchtlinge[171] sollten vorerst in Dänemark bleiben. Von Mai bis Juni 1945 lag die Verantwortung für die Flüchtlinge bei dem Staatlichen zivilen Luftschutz, anschließend sorgten in Kopenhagen das Deutsche Rote Kreuz und eine extra eingerichtete „Dienststelle für deutsche Flüchtlinge"[172] in Frederiksgade für die Flüchtlinge.[173] Dieser durch chaotische und unüberschaubare Zustände gekennzeichnete Zeitraum endete am 6. September 1945 mit der Übernahme der Flüchtlingsverwaltung durch den Sozialdemokraten Johannes Kjaerböl.[174] Er wurde vom Arbeits- und Sozialminister Hans Hedtoft-Hansen mit der Aufgabe betraut, sich aller deutschen Flüchtlinge, der verwundeten Soldaten und der so genannten „displaces persons" aus den alliierten Ländern anzunehmen. Die Unterbringung und Verpflegung derer hing nun von seinen Entscheidungen ab. Kjaerböl erlangte durch Zugang zu den Ministerien für Soziales, Arbeit und Inneres die Position eines „doppelten Staatssekretärs"[175] mit weitreichenden Befugnissen und erwies sich als der geeignete Mann für diese anspruchsvolle Aufgabe, als er am 5. März 1946, nur sechs Monate nach seiner Ernennung, eine Pressekonferenz in Kopenhagen abhielt, um von seinen Fortschritten in der Flüchtlingsfrage zu berichten.[176] Eine der ersten

---

170 Schultheiss 2009, S. 38. Die etwa 550.000 Deutschen machten 14% der Landesbevölkerung aus.
171 Olesen 2007, S. 252. Mix 2005, S. 34. Außer der etwa 44.000 Flüchtlinge, die sich noch im Kopenhagener Freihafen befanden. Sie gelangten über die Ostsee nach Flensburg und Kiel.
172 Havrehed 1989, S. 91. Diese wurde im August 1945 geschlossen.
173 Ebenda, S. 90.
174 Ebenda, S. 72. Kjaerböl war mit knapper Mehrheit gewählt worden.
175 Ebenda.
176 Ay 2005, S. 39.

Maßnahmen, um Ordnung und Fortschritt in das Chaos zu bringen, war die Zusammenlegung der Lager. Dazu wurden viele der kleineren Lager geschlossen und die dort lebenden Flüchtlinge mussten in die größeren Lager umsiedeln.

Diese Maßnahme war absolut unumgänglich, da die von den Deutschen beschlagnahmten Gebäude wieder freigegeben werden mussten. Die Verlegung diente allen voran der Räumung der dänischen Schulen und der Wiederaufnahme des Schulbetriebs, war aber auch für die Zusammenführung auf der Flucht getrennter Familien notwendig.[177] Zusätzlich sollten durch diese Anordnung die hohen Transport- und Verwaltungskosten gesenkt und die Bewachung der Lager erleichtert werden.[178] Die bisherigen Unterkünfte der Flüchtlinge lagen überall in Dänemark verstreut: Auf Jütland[179], Fünen, Seeland und Falster und es bedurfte eines hohen finanziellen und logistischen Aufwandes von dänischer Seite, um die Zusammenlegung der Lager zu gewährleisten. Unterstützung erhielt Dänemark bei diesem Unterfangen von den Schweden, von denen es 2.000 Baracken, Möbel und weitere notwendige Dinge wie Decken oder Handtücher kaufte.[180] Bereits im Oktober 1945 war es der Flüchtlingsverwaltung unter Kjaerböl gelungen, die ehemalige Anzahl von 1.100 Lagern auf 465 Lager zu reduzieren. Das mit Abstand größte Lager war Oksböl[181] mit 36.000 beherbergten Flüchtlingen; in den Lagern Aalborg I, II und III lebten insgesamt 45.000 Flüchtlinge.[182] Alle Lager waren entsprechend der Anordnung zur Internierung von Stacheldraht umgeben und durch Polizisten bewacht.[183] Knud Langberg verweist darauf „daß die Bewachung, die notwendigerweise die Form der Einsperrung annehmen mußte, von Anfang an ein Verlangen war, daß von außen kam."[184] Die Internie-

---

177 Ebenda, S. 42. Havrehed, S. 46.
178 Olesen 2007, S. 255.
179 Ay 2005, S. 42. Dort waren die meisten Flüchtlinge untergebracht. Es lag weitab von der dänischen Bevölkerung und sollte jegliche Fraternisierung zwischen den Flüchtlingen und den Dänen verhindern.
180 Ebenda, S. 42-43.
181 Ein ehemaliges Militärgelände.
182 Ay 2005, S. 43. Weitere bekannte Lager waren: Klövermarken (17.000), Grove-Gedhus (15.000) Ry (10.000) und Aarhus (3.400).
183 Anhang Abb. 6, S. 84. Das Foto zeigt die Bewachung der Lager.
184 Langberg 1951, S. 20.

rung in die Lager sei sowohl für die dänische Bevölkerung, die sich dadurch vor Epidemien geschützt sah, als auch für die Flüchtlinge selbst einer Notwendigkeit gleichgekommen.[185] Viele ehemalige Flüchtlinge fühlten sich durch die von Stacheldraht umgebenen Lager allerdings als Sträflinge und betrachteten es als die Konsequenz des verlorenen Krieges.[186]

Neben den regulären Lagern existierten Sonderlager für die Suche nach Kindern und Familienangehörigen[187], Straf- und Isolierungslager[188] sowie Durchgangslager[189] zur Kontrolle von Flüchtlingen, die schließlich nach Deutschland zurückkehrten.[190] Ursprünglich waren diese und andere hier nicht erwähnte Lager Gebäude und Standorte der Wehrmacht gewesen, die zu Barackenstädten umfunktioniert wurden.[191] Verantwortung für die Lager trugen in erster Linie die jeweiligen Lagerleiter, die von der Flüchtlingsverwaltung eingesetzt wurden.[192] Ihnen unterstand wiederum das Bewachungspersonal, das sich aus Polizisten zusammensetzte. Besonders in der chaotischen Anfangszeit erwies es sich als schwierig, geeignete Personen für diese anspruchsvolle Aufgabe zu finden und es geschah mancher Missgriff. Einige der Lagerkommandanten oder der Polizisten pflegten engen Kontakt zur Widerstandsbewegung und eigneten sich aus diesem Grund nicht für die Bewachung und Verwaltung der Lager. Der eingesetzte Lagerleiter beeinflusste in hohem Maße die im Lager herr-

---

185 Ebenda, S. 20–21. „Zwar war den Flüchtlingen bei ihrer Ankunft hier gesagt worden, daß sie unter Freunden seien. Aber die fünfjährige Besetzung hatte in der dänischen Bevölkerung einen blinden Haß gegen alles, was deutsch war, erzeugt; und der Haß mußte sich jetzt, wo die Besatzungsmacht fort war, naturgemäß einen Gegenstand in den Flüchtlingen schaffen."
186 Mix führt einige Zeitzeugen an, S. 38-40. Labinsky Tagebuch. Eintrag vom 5. Januar 1947. „Es hat einmal gehiessen, man darf Frauen und Kinder nicht länger als ein Jahr zivil internieren hinter geschlossenem Stacheldraht. Denn schließlich sind wir ja keine Sträflinge."
187 Zum Beispiel Berridsgaard auf Lolland und Kastrupfortet bei Kopenhagen.
188 Madsnedö an der Südküste von Lolland.
189 Kolding und Skrydstrup.
190 Gammelgaard 1993, S. 51-54.
191 Olesen 2007, S. 256.
192 Havrehed 1989, S. 108. Sie waren dem Luftschutzchef direkt unterstellt.

schende Stimmung.[193] Bisweilen mussten sie entlassen werden und an ihre Stelle traten pädagogisch erfahrenere Personen.[194] Direkt in den ersten Tagen nach Kriegsende nahmen die Dänen die Registrierungen der Flüchtlinge vor. Das oberste Ziel war es, die Anzahl[195] und Identität der Flüchtlinge festzustellen, des Weiteren sollten Flüchtlinge nichtdeutscher Nationalität aussortiert werden. Die Registrierungen erleichterten darüber hinaus die Zusammenführungen von auf der Flucht auseinandergerissenen Familien sowie die Suche von Angehörigen in Deutschland als Vorbereitung der Repatriierung und dienten der Erstellung einer Suchkartei. Zudem sollten Kriminelle, Kriegsverbrecher und Nationalsozialisten, die sich unter den Flüchtlingsmassen versteckt hielten, festgenommen werden.[196] Am 13. Oktober 1945 wurde die Registrierung der Flüchtlingsverwaltung unterstellt und gemeinsam mit dem Leiter Ralph Holm arbeiteten etwa 120 deutsche Flüchtlinge in dem Einwohnermeldeamt, das aus den Registrierungen hervorgegangen war.[197] In mühevoller Kleinarbeit erschufen die dort arbeitenden Personen eine ständig aktualisierte Kartei für die einzelnen Lager.[198] Die Zusammenarbeit des Suchdienstes mit dem Deutschen Roten Kreuz ermöglichte innerhalb kürzester Zeit den erhofften Erfolg und viele Familienmitglieder fanden wieder zueinander.[199]

Das interne Lagerleben gründete sich auf einer von der Flüchtlingsverwaltung beschlossenen Lagerordnung[200], die auf Prinzipien der demokratischen Selbstverwaltung beruhte. Die Flüchtlinge, die zwölf Jahre unter einer Diktatur gelebt hatten, sollten für ein demokratisches Leben in ihrer Heimat durch demokratische Strukturen in den Lagern

---

193 Mix 2005, S. 44–45. Die Aussagen ehemaliger Flüchtlinge variieren aus diesem Grund erheblich. Mix nennt einige Zeitzeugen, die von schlechten Erfahrungen mit dem Lagerleiter berichten.
194 Olesen 2007, S. 256.
195 Mix 2005, S. 53. Bei einer vorläufigen Registrierung Mitte Mai 1945 zählte man 23.000 Personen aus 35 verschiedenen Nationen und 238.010 Flüchtlinge.
196 Ebenda.
197 Olesen 2007, S. 257. Dieses Einwohnermeldeamt für alle in Dänemark internierten Flüchtlinge war bald in weiten Teilen Europas bekannt.
198 Mix 2005, S. 54.
199 Durch die bis zum 5. April 1946 herrschende Postsperre waren die Flüchtlinge auf den Erfolg der Suchkartei angewiesen.
200 Ordnungsreglement im Anhang Abb. 15, S. 92.

vorbereitet werden.[201] Dazu diente unter anderem die in der Lagerordnung festgesetzte Lagerhierarchie. Die Flüchtlinge konnten in freier Wahl[202] und mit einfacher Stimmenmehrheit einen Vertrauensmann wählen, der stellvertretend für sie mit dem dänischen Lagerleiter und darüber hinaus mit den Behörden für die Belange in Flüchtlingsfragen in Kontakt trat. Dieser Vertrauensmann trug außerdem die Verantwortung für die Einhaltung der Vorschriften in den Lagern. Ferner äußerte sich die Selbstverwaltung in der Wahl des Barackenwarts oder des Stubenältesten. Zusätzlich wurden ab November 1945 von der Flüchtlingsverwaltung so genannte Lagerinspektoren[203] eingestellt, die die Zustände in allen Lagern begutachteten und daraufhin der Flüchtlingsverwaltung Bericht erstatteten. Ihre Aufgaben bestanden darin, die Belegung, Verpflegung, Beschäftigung, Bekleidung und Stimmung in den Lagern zu erfassen und zu kontrollieren.[204] Die Anzahl der Inspektoren wurde schnell reduziert, nachdem die chaotischen Bedingungen festen Strukturen gewichen waren.[205] Aus Platzgründen ist es an dieser Stelle nicht möglich, sich auf alle Aspekte des Lagerlebens zu beziehen, die aus der Lagerordnung hervorgingen. Wichtige Funktionen erfüllten allerdings die Arbeits- und Schulpflicht in den Lagern, ebenso wie die Bildungsarbeit.

2. Grundversorgung

2.1 Essen

Mit der Internierung in die Lager standen die Flüchtlinge vollkommen unter dänischer Obhut. Jene waren in teils sehr schlechter körperlicher Verfassung nach Dänemark gelangt und benötigten vor allem

---

201 Mix 2005, S. 49.
202 Die Wahl musste allerdings durch den Luftschutzchef anerkannt werden. Ordnungsreglement Abb. 15, S. 92.
203 Gammelgaard 2005, S. 72. Die Inspektionsgruppen setzten sich aus einem Mann und einer Frau zusammen, da die Mehrzahl der Internierten Frauen und Kinder waren.
204 Havrehed 1989, S. 104–105.
205 Ebenda, S. 105.

anderen Nahrung, um wieder zu Kräften zu kommen. Dänemark wiederum stand mit der Verpflegung der rund 250.000 Flüchtlinge vor einem großen logistischen Problem. Bereits am 24. Mai 1945 erließ die dänische Verwaltung deshalb eine Verordnung, in der sie die wöchentlichen Kalorienrationen für die Flüchtlinge festsetzte.[206] Dabei erwies sich die Bestimmung der richtigen Kalorienmenge als schwierig. Die Briten hatten ursprünglich 1.800 Kalorien pro Tag als ausreichende Versorgung angesetzt, die dänische Verwaltung bemühte sich, die Kalorienrationen zu steigern und den realistischen Gegebenheiten anzupassen. Aus diesem Grund hatte die dänische Verwaltung in der Verordnung vom 24. Mai 1945 die Kalorienmenge auf 2.000 pro Person[207] angehoben. Am 17. Januar 1946 erhöhten sie diese auf 2.500 Kalorien, um sie schließlich am 22. Juni 1946 wieder auf 2.170 zu reduzieren.[208] In diesem Kapitel wird vertiefend auf die Versorgung der Flüchtlinge in den Lagern eingegangen. Zu diesem Zweck steht eine Quelle im Mittelpunkt des Kapitels, die als Ausgangspunkt zur Untersuchung der Versorgungsituation in den Lagern dient.

Bei dieser Quelle handelt es sich um einen Kostplan[209] aus den Unterlagen des Kriegsminensuchers M371[210], zeitweilige Kennung TS1, zur Verfügung gestellt von Herrn Karl Franz aus Norderstedt. Der heute 89-Jährige war im Zweiten Weltkrieg für die Handelsschifffahrt im Einsatz; sein älterer Bruder diente als Signalgänger auf dem genannten Minensuchboot M371. Von Kameraden seines Bruders erhielt er Jahrzehnte nach Kriegsende einige Unterlagen von Bord, darunter befand sich auch eine Kopie der Kalorienliste für die Dänemarkflüchtlinge. Das Minensuchboot setzte bis zur Kapitulation auch Flüchtlinge in Sonderburg/Dänemark an Land. Franz vermutet, dass daher die Liste stammt.[211]

---

206 Mix 2005, S. 104.
207 Ipsen, Leif Guldmann: Menschen hinter Stacheldraht, Flüchtlingslager in Oksböl 1945–1949, ohne Ort 2002, S. 25. Kinder erhielten weniger Kalorien.
208 Mix 2005, S. 104. Grund dafür war die Behauptung, dass Lebensmittel weggeworfen würden.
209 Anhang Abb. 10, S. 87.
210 Dies war noch bis Sommer 1947 im Einsatz.
211 Bei dem in diesem Kapitel verwendeten Kostplan handelt es sich um eine Abschrift. Das Original ist nicht mehr erhalten.

Die Verordnung vom 24. Mai 1945 stimmt im Wesentlichen mit den täglichen Kalorienrationen und auch in der Verteilung der Kalorien auf die einzelnen Lebensmittel mit dem angeführten Kostplan überein; dies bestätigt Mix durch folgendes Zitat des Zeitzeugen Herrn Berghaus:

> In der Verpflegung stehen wir hier nichts aus. Jeder Erwachsene bekommt wöchentlich 1.750 gr Roggenbrot, 735 gr Weißbrot, 60 gr Gerstenmehl, 60 gr Haferflocken, 105 gr Zucker, 7 gr Tee, 70 gr Erbsen, 140 gr Butter, 2,5 l Magermilch, 175 gr Käse, 175 gr Wurst, 125 gr Fleisch, 5.500 gr Kartoffeln, 1.200 gr Gemüse.[212]

Bei einigen Grammangaben wie beispielsweise bei Kartoffeln, Gerstenmehl oder Erbsen, variieren die Aussagen, doch dies ist vermutlich auf unterschiedliche Zeiten, Regionen oder Situationen zurückzuführen. Im Mai 1945 setzten die dänischen Behörden den täglichen Kalorienbedarf einer erwachsenen Person auf 2.000 fest.[213] Der Kostplan stammt aus diesem Grund wahrscheinlich aus dem Jahr 1945, da die Gesamtkalorienangabe noch mit einem Wert von 2.000 angegeben ist. Aus dem Kostplan wird aber vor allem ersichtlich, mit welchen Lebensmitteln die Flüchtlinge in den Lagern ernährt wurden. So gab es vergleichsweise wenig Fleisch und Zucker (50 Gramm pro Woche/15 Gramm pro Tag), dagegen wurden kohlenhydrathaltige Nahrungsmittel wie Kartoffeln in größeren Mengen (300 Gramm pro Tag) ausgeteilt. Fette wie Butter hingegen waren dagegen stark rationiert.

Den damaligen Flüchtlingskindern ist vor allem die Graupensuppe im Gedächtnis geblieben, die es in den Lagern häufig zu essen gab. Für eine Zeitzeugin, die von ihrem zweiten bis vierten Lebensjahr im Lager Oksböl interniert war, ist dies die einzige Erinnerung an die Verpflegung im Lager: „Ich kann mich aber sehr genau an Graupenpudding oder Graupensuppe erinnern die etwas bläulich aus sah, wahrscheinlich mit Magermilch gekocht. Bis jetzt kann ich noch keine Graupen essen."[214] Auf dem Kostplan werden Graupen nicht explizit aufgeführt,

---

212 Zitiert nach Mix 2005, S. 104. Bei diesem Zitat handelt es sich um einen Briefausschnitt vom 30. Januar 1945 von einem Herrn Berghaus. Er war in Blegind und später in Skanderborg interniert und ließ den Brief an seine Familie in Deutschland von Soldaten überbringen.
213 Ebenda.
214 Zeitzeugin möchte anonym bleiben.

aber da es sich bei Graupen um geschälte Gerstenkörner handelt, ist anzunehmen, dass das Gerstenmehl mit Graupen gleichzusetzen ist. Das Rezept für Gerstensuppe, das im Kostplan aufgeführt wird, deckt sich mit der Erinnerung der Zeitzeugin. Gerstenmehl wurde mit der zur Verfügung stehenden Milch aufgekocht, bis vor allem Kinder es als Suppe oder eben als „Pudding" essen konnten. Diesen gab es in den Lagern häufig, da die Mahlzeiten nicht sehr abwechslungsreich gestaltet werden konnten. Neben der Graupensuppe gab es aufgrund der wenigen Zutaten, die zur Verfügung standen, oftmals Eintöpfe, Gemüse- oder Hafersuppe zu essen. Dies geht sowohl aus dem Kostplan, der vermutlich die Mahlzeiten für eine Woche angibt, als auch aus der Aussage der Zeitzeugin Ruth Henke hervor: „Wie ich schon sagte, gab es im Lager 52 in Kopenhagen stets Eintopf, 5 x Gemüsesuppe die Woche, 2 x Milchsuppe."[215]

Viele ehemalige Lagerbewohner beklagten sich vor allem über den faden Geschmack des Essens, denn Salz stand nicht zur Verfügung. Dies ist ebenfalls aus dem Kostplan zu entnehmen, in dem Salz zwar aufgeführt wird, jedoch keine Mengenangabe erfolgt. Gisela Rothe-Ewert lebte als Kind im Lager Oksböl und erinnert sich: „Viele Leute waren aber nett. So schenkte uns ein Ehepaar aus unserem Zimmer manchmal etwas Salz. Das gab es anfangs nicht, unser Mittagessen war ungesalzen."[216] Dass viele Flüchtlinge den faden Geschmack ihrer Speisen bemängelten, wird noch verständlicher, wenn man die Zubereitung dieser betrachtet. Eine Gemüsesuppe bestand lediglich aus Kartoffeln und zwei Gemüsesorten, ebenso wie die Hafersuppe nur aus Hafergrütze und Magermilch zubereitet wurde. Salz, Gewürze, Öle oder eine Auswahl an mehreren Lebensmitteln waren nicht vorhanden; die Flüchtlinge mussten mit dem Wenigen Vorlieb nehmen, was es im Lager gab.

Dennoch wurden in den Rationsplänen der Flüchtlinge die Bedürfnisse von Kindern, Schwangeren oder Kranken berücksichtigt. In den Lazaretten lagerten noch nach der Kapitulation haltbare Lebensmittel, die den Kranken und oft auch ihren Besuchern zugutekamen. Mix

---

215 http://oksbol1945-49.dk/dk.php/site/personligberetning/eine_verkehrte_welt (Letzter Zugriff am 14. Juni 2015), Bericht Ruth Henke.
216 Bericht Gisela Rothe-Ewert.

führt an, dass in deutschen Lazaretten täglich eine Kalorienmenge von 2.542 Kalorien für die Patienten vorgesehen war.[217] In Gl. Rye erhielten untergewichtige Flüchtlinge 0,5 Liter Vollmilch zusätzlich.[218] Anstelle der 307 Gramm Milch[219] pro Tag gab es für Kinder unter 15 Jahren und ebenso für werdende Mütter im letzten Schwangerschaftsdrittel 0,5 Liter zusätzliche Milch täglich. Anzumerken ist, dass die Mütter nach dem oben angeführten Kostplan allerdings keine zusätzliche Milch in den ersten Wochen nach der Geburt bekamen. Dies war nicht in allen Lagern der Fall; Mix betont, dass im Lager 110 stillende Mütter noch sechs Wochen nach der Geburt die 0,5 Liter zusätzliche Milch erhielten.[220]

Dieser Punkt leitet auf einen weiteren Aspekt der Verpflegung hin: Die unterschiedliche Umsetzung der Vorgaben in den einzelnen Lagern. Obwohl die dänischen Behörden bereits am 24. Mai 1945 die Kalorienzufuhr auf 2.000 pro Tag und Person festgesetzt hatten, war es schwierig diese Anordnungen in allen Lagern durchzusetzen. Havrehed hat in seinem ansonsten umfassenden Werk der Ernährungslage in den Lagern nicht nur auffällig wenig Raum gegeben, sondern auch die von ihm korrekt übernommenen Rationsmengen nicht weiter hinterfragt. Er versäumt es aber zu untersuchen, welche Mengen der zugesprochenen Lebensmittel die Lager tatsächlich erreichten und von welcher Qualität diese waren. Viele Zeitzeugenaussagen decken sich dahingehend, dass sie von schlechtem Essen im Jahr 1945 berichten. „Gehungert haben wir nur zeitweise, und zwar im Frühjahr und Sommer 1945, in den Wochen nach der Kapitulation.", erinnert sich Ruth Henke und auch Dora K.[221] entsinnt sich: „Es gab wochenlang kein Brot, als Mittagessen einen Behälter Milchsuppe, der einmal gut schmeckte, dann vergoren war. Es gab Suppe von Kartoffelschalen, zeitweise pro Tag eine Pellkartoffel." Diese Vorkommnisse beziehen sich auf Ereignisse in Kopenhagen, denn dort war die Ernährungssituation der

---

217 Mix 2005, S. 107. Der Plan stammt vom 12. Juni 1945.
218 Ebenda.
219 Bericht Ruth Henke. Sie erwähnt eine Differenzierung zwischen Magermilch und Vollmilch: „Milch wurde zugeteilt: für Kinder Vollmilch, für die Erwachsenen Magermilch."
220 Mix 2005, S. 104.
221 Mix 2005, S. 101. Dora K. war in einer Schule in der Hans Tavsen Gade interniert.

im Vergleich zu anderen Teilen Dänemarks unverhältnismäßig vielen Flüchtlinge in den Monaten nach der Kapitulation kritisch und auch im größten Flüchtlingslager Oksböl war die Verpflegung der Flüchtlinge in diesen Monaten mangelhaft.[222]

Dass die dänischen Behörden die Lebensmittelversorgung in den vielen Lagern nicht ausreichend kontrollieren konnten, ist verständlich. Die unterschiedlichen Berichte über die Versorgung in Dänemark sind unter anderem auch auf eine nicht gewährleistete gerechte Verteilung der Lebensmittel aus eben diesem Mangel an Kontrollmöglichkeiten zurückzuführen. Den von der Flüchtlingsverwaltung eingesetzten Inspektoren war es in der chaotischen Anfangszeit nicht möglich, eine durchweg gerechte Verteilung zu garantieren. Langberg hingegen sieht die unterschiedliche Verteilung der Lebensmittel begründet in dem Küchenpersonal oder durch Verschiebungen[223]; diese Annahmen mögen ihre Berechtigung haben, denn auch einige Zeitzeugen erinnern sich an derartige Vorfälle.[224] Am 21. September 1946 beschloss der Gemeinderat von Grove deshalb die Einsetzung einer Küchenkommission und Küchenkontrolle.[225]

In den Lagern, in denen die Anordnungen umgesetzt wurden, waren die Menschen allerdings ausreichend versorgt, wie es auch aus der Kalorienliste hervorgeht. Die Ernährungssituation änderte sich für die Flüchtlinge ab Januar 1946 zum Besseren[226] und die meisten Zeitzeugen erinnern sich von diesem Jahr an keine Hungerzeiten mehr.[227] Der Großteil der Flüchtlinge aus Deutschland war dankbar für die Versorgung in den Lagern. Dies Information wird aus dem Bericht

---

222 Ebenda, S. 103-104.
223 Ebenda. Langberg 1951, S. 37. Langberg ist der Ansicht, dass das Essen nach der „Lust und Liebe" des deutschen Küchenpersonals variierte. Nach Abzug des deutschen Militärs soll die Versorgung besser geworden sein.
224 Zitiert nach Mix 2005, S. 105. Bericht Rothe-Ewert. Sie erwähnt auch die Kritik am Küchenpersonal: „Es hieß, dass das Küchenpersonal so gesund aussähe, weil es das Fleisch, das ins Lager geliefert wurde, selber essen würde."
225 Ebenda, S. 106.
226 Ebenda, S. 104. Für einige änderte sich die Situation auch zum Schlechteren. Die Flüchtlinge, die in Nordschleswig untergebracht worden waren, bekamen nun weniger zu essen.
227 Wie bereits erwähnt wurde am 17. Januar die Kalorienzufuhr von 2.000 auf 2.500 erhöht.

Langerbergs entnommen, der resümiert: „Der allgemeine Eindruck war daher auch der, daß im ganzen genommen unter den Flüchtlingen keine Unzufriedenheit mit der Verpflegung herrschte."[228]

Die Nahrungsmittel schöpfte Dänemark aus seinen eigenen Vorräten und seiner Landwirtschaft.[229] Die Lebensmittel wurden von Dänen in die Lager geliefert und dort ausgeteilt. Uwe Carstens bezieht sich auf Oksböl, wenn er anführt, dass täglich 14 Lastkraftwagen und 24 Pferdegespanne durch das Lager gefahren seien, um die Lebensmittelversorgung zu gewährleisten.[230] Zubereitet wurde das Essen allerdings von deutschen Flüchtlingen in Groß- und Lagerküchen, die für die Lager errichtet worden waren oder bereits bestanden hatten. Küchendienst geschah reihum, die Kinder und Jugendlichen waren davon ausgenommen.[231] Aus der Lagerordnung geht hervor, dass das Kochen außerhalb der Küchen nicht gestattet war, weshalb die Flüchtlinge sich das warme Essen an der Essensausgabe abholen mussten.[232] Da die wenigsten Menschen in den Lagern Geschirr oder Besteck besaßen, wurde mit allem vorliebgenommen, was dieses ersetzte. Frau Rothe-Ewert schilderte:

> *Kleine braune Tonschüsseln hatten wir bekommen. Wenn eine zerbrach, bohrten die Leute mit einem spitzen Gegenstand vorsichtig kleine Löcher an den Scherbenrändern entlang und nähten die Teile zusammen. Die Bohrlöcher wurden mit Brotkrümeln verstopft.* [233]

In Oksböl wurde den Flüchtlingen eine emaillierte Schüssel zugeteilt, die man beim Abholen des warmen Mittagessens zu verwenden hatte.[234]

Das Foto „Madudlevering", auf das sich im Folgenden bezogen wird, stammt aus der lokalhistorischen Sammlung der Hauptbibliothek in

---

228 Langberg 1951, S. 36-37.
229 Ebenda. Die dänische Bevölkerung hatte während des Krieges nicht hungern müssen.
230 Carstens, Uwe: Das Problem deutscher Flüchtlinge in Dänemark. Marburg 1995. S. 92. Auch die Kleinbahn soll beteiligt gewesen sein. Havrehed und Mix erwähnen diese Art von Transport nicht.
231 Mix 2005, S. 107.
232 Ordnungsreglement Anhang Abb. 15, S. 92. Eine Ausnahme bildete die Zubereitung von Kleinkindnahrung.
233 Bericht Rothe-Ewert.
234 Ipsen 2002, S. 26.

Aarhus. Zusammen mit vielen anderen Fotos lag es in einem Briefumschlag ohne Aktenkennung. Aufgenommen wurden diese Bilder vermutlich von dem Pressefotografen Svend Aage Jensen für die Zeitung Århus Stiftstidende in dem Durchgangslager „Marselis Boulevard" in den Jahren 1945–1946.[235]

Dieses Bild wurde aus der Küche heraus in die Warteschlange der Essensausgabe fotografiert und zeigt zwei Frauen, die das Essen aus einem großen Kessel an die wartenden Flüchtlinge herausgeben. Das warme Mittagessen wurde einmal am Tag an zentraler Stelle von deutschen Flüchtlingen zubereitet und anschließend verteilt. Zuvor war es üblicher gewesen, gemeinsam in großen Räumen zu speisen, nach und nach aßen die Flüchtlinge jedoch in ihren Baracken zu Mittag.[236] Das Küchenpersonal setzte sich aus mehreren Köchen, Helfern und einem Küchenleiter, der die Aufsicht und Organisation führte, zusammen. Diese Informationen sind aus den Berichten Mix' zu entnehmen, der leider keine umfassenderen Angaben zu der Küchenorganisation gibt.[237] In späteren Jahren scheint die Großküche von so genannten Lagerküchen abgelöst worden zu sein. Dies wird ersichtlich aus dem umfassenden Bericht von Ruth Henke, die folgende Angaben zu den Lagerküchen macht:

> *Im Lager 13 in der Holstengade in Kopenhagen besserte sich das Essen bereits (das war im Herbst 1945). Es kam nicht mehr aus der Großküche, sondern wurde in der Lagerküche von mehreren Frauen gekocht. (...) In Oksböl, dem früheren Truppenübungsplatz, gab es viele Großküchen. Sie hießen nach den Lagerblocks mit Großbuchstaben, z.B. F-Küche. Dort holten wir mittags in Konservendosen das warme Essen. Teller, Becher und Bestecks wurden verteilt.*

In der Art und Weise, wie Ruth Henke es beschreibt, könnte eine weitere Ursache für das schlechtere Essen durchaus in der Zubereitung in den Großküchen begründet liegen. Das bessere Essen scheint sie unmittelbar mit der Entstehung der Lagerküchen in Zusammenhang

---

235 Alle Informationen stammen von dem dänischen Lehrer und Historiker Martin Petersen und ich erhebe somit keinen Anspruch auf Richtig- oder Vollständigkeit. Alle folgenden Fotos wurden ebenfalls von ihm zur Verfügung gestellt. Anhang Abb. 4, S. 83.
236 Carstens 1995, S. 94. Anhang Abb. 3, S. 83. Das Foto dient zur Verdeutlichung.
237 Mix 2005, S. 105.

zu bringen. In dieser wurden die warmen Mahlzeiten zubereitet und an die Flüchtlinge je nach Bedarf verteilt. Ipsen erwähnt in seinem Werk eine Essenskarte, die jeder Flüchtling erhielt und auf der für die Essensausgabe zu sehen war, welche Menge dem jeweiligen Flüchtling zustand. Die Karte wurde dann gestempelt[238] und weiterhin nicht nur zur Kontrolle bei der Essensausgabe verwendet, sondern auch bei der Ausgabe der so genannten Kaltverpflegung, die sich unter anderem aus folgenden Lebensmitteln zusammensetzte:

> *Kaltverpflegung (Wurst, Käse, Milch, Haferflocken, Brot, Zucker, Margarine) wurde in die Baracken geliefert und verteilt. Der Käse, meist ein harter, ziemlich flauer Schmelzkäse. Die Lagerwurst eine Art einfachster Fleischwurst, ohne Geschmack; aber mit gehackter Zwiebel schmeckte sie besser! Not macht erfinderisch, Rezepte wurden entdeckt: z.B. Lagerbutter, Lagerschmalz, Lagerschlagsahne, Lagertorte, Lagerkaffee, Lagerkonfekt. Südfrüchte gab es nicht, selten mal 1 Apfel (...).*[239]

Die Kaltverpflegung musste wie das Mittagessen von den Flüchtlingen abgeholt werden und die herausgegebenen Rationen wurden von den Inspektoren ebenso streng berechnet und kontrolliert wie es aus dem Kostplan hervorgeht. Der Mangel an Abwechslung machte die Menschen erfinderisch und so ist Ruth Henke nur eine von vielen ehemaligen Flüchtlingen aus Dänemark, die von provisorischen Lagerrezepten berichtet. Der erwähnte Lagerkaffee bestand beispielsweise aus geröstetem Brot.[240] Frau Dora Otto war in Allesö interniert gewesen und hat die Briefe ihrer Mutter zur Verfügung gestellt, aus denen die Kaltverpflegung für acht Tage pro Person zu entnehmen ist:

> „Für 8 Tage Kaltverpflegung bekommen wir pro Person: 1 Weißbrot, 2 Graubrote[241], 140 g Butter, 200 g Wurst, 110 g Käse, 1 Esslöffel Quark und 100 g Zucker."[242]

---

238 Ipsen 2002, S. 26. Ipsen bezieht sich hierbei auf das Lager Oksbøl, Mix und Havrehed erwähnen solch eine Essenskarte nicht.
239 Bericht Ruth Henke.
240 Mix 2005, S. 105. Zeitzeugin möchte anonym bleiben. Auch Mix spricht vom gerösteten Brot.
241 In der Tabelle aufgeführt als Sigtebrot.
242 Jacobsen, Hans Henrik: Flüchtlinge in einem fremden Land: Aus Ostpreußen nach Dänemark. Herning 1992, S. 52–53.

Üblicherweise wurde die Kaltverpflegung nur für zwei bis drei Tage geliefert und konnte von den einzelnen Flüchtlingen an zentralen Abholstellen in Empfang genommen werden.[243] Die Lebensmittel wurden dann von diesen selbst zubereitet und in späteren Jahren durften die Flüchtlinge, wenn dies in den Lagern möglich war, auch Gemüse in kleinen Gärten anbauen, die die Nahrungszufuhr in den Lagern schließlich ergänzten.[244] Der in dem vorigen Zitat erwähnte Mangel an Obst war in den Lagern ein Problem, doch zu Feiertagen gab es öfters Äpfel oder Orangen für die Kinder[245] und für die übrigen Flüchtlinge gab es zusätzliche Feiertagskost:

> *Materiell ging es uns in den Feiertagen so gut, fast wie zu Hause. Es gab Streuselkuchen (für 3 Personen 1 Blech) und ich hatte selbst eine Biskuittorte gebacken von geschenktem Mehl und den letzten zwei Eiern, die ich von Sigis Feld gekauft hatte. Mit Apfelmus gefüllt und Margarinecreme bestrichen. Es war wirklich ein Fest.*[246]

Frau Labinsky erwähnt in ihrem Tagebuch[247] nicht nur die Extraverpflegung, sondern auch, dass jeder Lagerinsasse sich für 50 Öre etwas wünschen durfte. „Ich hatte 1x Pfeffernüsse, 1x Pudding, 1x Bonbon."[248] Luxusartikel wie diese waren selten zu bekommen, doch einige Dänen zeigten Mitgefühl mit den Flüchtlingen und warfen die einen oder anderen kostbaren Lebensmittel über den Stacheldrahtzaun. Luzie Klinger[249] berichtet: „Heute der 02.07.1945. Abends ging ich mit Oma Bludau spazieren, wurde ich von einem Dänen angesprochen, am

---

243 Ipsen 2002, S. 26.
244 Jacobsen 1992, S. 67. Mix 2005, S. 108.
245 Jacobsen 1992, S. 52.
246 Labinsky Tagebuch. Eintrag vom 1. Januar 1947.
247 Brigitta Labinsky war mit ihrer Tante, Mutter und ihren beiden Kindern Michael und Irene zunächst im Lager Nyboel und ab 1947 im Lager Oksböl interniert. Frau Labinsky war 1920 in Königsberg geboren worden und floh mit ihrer Familie über die Ostsee nach Dänemark, während ihr Ehemann Kurt Labinsky von 1945 bis 1948 in sowjetischer Kriegsgefangenschaft verbleiben musste. Aus dieser Zeit gingen ein Tagebuch und die Briefen zwischen Kurt und Brigitta Labinsky hervor. Sie wurden zur Verfügung gestellt von Michael und Irene Labinsky.
248 Labinsky Tagebuch. Eintrag vom 1. Januar 1947.
249 Sie floh im April 1945 mit ihren drei Kindern aus Königsberg. Im Juni desselben Jahres verstarb ihre jüngste Tochter. Sie waren interniert im Lager Frederikshavn. Das Tagebuch wurde von ihrer Tochter zur Verfügung gestellt.

Stacheldraht warf er eine Tafel Schokolade rüber."[250] Darüber hinaus gab es die Zusatzverpflegung, die jeder Lagerinsasse erhielt, der einer Dauerbeschäftigung nachging.[251] Empfänger der Zusatzverpflegung waren unter anderem Schwerstarbeiter und Krankenschwestern.[252] In Oksböl existierten klare Regelungen bezüglich der zusätzlichen Kost für Arbeiter:

> *Für die einzelnen Arbeitskolonnen wurde ein besonderer Zusatz von dän. Seite bewilligt. Dieser bestand aus: 300 Portionen a) 105 gr Butter, 700 gr Schwarzbrot, 525 gr Wurst oder Käse wöchentlich und 600 Portionen a) 70 gr Butter, 700 gr Schwarzbrot, 200 gr Wurst oder Käse.*[253]

2.2 Wohnverhältnisse und Bekleidung

> *Heute bin ich derart nervös, dass ich heulen möchte. Der Ärger hielt an, nachdem ich ihr*[254] *am Montag nochmal alles auseinandersetzte. Ich vertrage mich mit Jedem, aber mal sage ich auch etwas. Bloss hier heraus aus den vier Wänden, mal in die Natur, um die Nerven zu stärken. Noch ein Jahr hier, dann gleicht das Lager einem Irrenhaus. (...) Unsere Freude war im Juni 1946 umsonst. Die Mauern haben sich dichter geschlossen und sind gewachsen. Die Kälte hält an. Im vorigen Winter haben wir ja noch mehr erlebt. (...) Wenn der Wind nicht wäre, aber er hat ja keinen Widerstand an Wald oder dergleichen. Sibirien im kleinen zu Winterzeiten. (...) Heute vor zwei Jahren sahen wir uns zum letzten Mal. Wo magst du sein? (...) Es kommen noch zirka 100 Fl*[255]*. dazu. Zu uns ins Zimmer auch? Furchtbar die Enge, Daher bin ich überhaupt krank.*[256]

Zur Grundversorgung zählten neben der Verpflegung auch die Wohnverhältnisse der Flüchtlinge, die in diesem Kapitel thematisiert werden.

---

250 Luzie Klinger Tagebuch.
251 Mix 2005, S. 107.
252 Gammelgaard 1997, S. 178. Havrehed 1989, S. 179. Umstritten war lange Zeit die Zusatzverpflegung für die Lehrer. Sie erhielten stattdessen öfters eigene Zimmer, sofern die Platzverhältnisse dies zuließen.
253 Zitiert nach Mix 2005, S. 108. Die Regelungen variierten von Lager zu Lager.
254 Labinsky Tagebuch. Eintrag vom 8. Januar 1947. Frau Labinsky hatte den Tag zuvor Ärger mit einer Zimmergenossin aus dem Lager wegen des Brennmaterials: „Zum Braten nimmt jeder sein eigenes Holz und weil ich das sagte, ist die Dame beleidigt."
255 Flüchtlinge.
256 Labinsky Tagebuch. Eintrag vom 8. Januar 1947.

Der Textauszug stammt aus dem Tagebuch von Brigitta Labinsky und bildet den Ausgangspunkt zur Untersuchung der Wohnsituation in den Lagern. Das Kapitel gründet sich vorwiegend auf Erkenntnissen aus dem Tagebuch sowie den Briefen zwischen Kurt und Brigitta Labinsky, die in der Zeit von Anfang 1947 bis Ende des Jahres 1949 entstanden sind. Aus einer Volkszählung vom 15. August 1946 geht hervor, dass der Anteil der Kinder in den Lagern unverhältnismäßig hoch war. Insgesamt befanden sich zu dem Zeitpunkt nach offiziellen Angaben 196.518 Flüchtlinge in Dänemark; knapp ein Drittel davon waren Kinder unter 15 Jahren.[257] Wie sich diese Tatsache auf den einzelnen Menschen auswirken konnte, geht aus dem Tagebuchausschnitt hervor, in welchem Frau Labinsky die „furchtbare Enge" beklagt. Von offizieller Seite waren 2,5 Quadratmeter für eine Person vorgesehen worden, doch die Angaben entsprachen oft nicht der Realität in den einzelnen Lagern.[258] Die immerwährende Raumnot führte dazu, dass auf 36 Quadratmeter Raum zeitweise um die 14 Personen lebten. In Oksböl war die Lage noch gravierender, dort drängten sich temporär 30 bis 40 Menschen auf 40-50 Quadratmeter Fläche.[259] In diesem größten Lager kamen während der Jahre 1946 und 1947 35.000 Menschen zusammen – Eine Anzahl, die die ohnehin beengten Platzverhältnisse noch weiter strapazierte. Für die Baracken waren Stockbetten angefertigt worden, damit möglichst viele Menschen in einem Raum untergebracht werden konnten. Da eine Baracke jedoch nicht nur als Schlafplatz, sondern auch als Ess- und Aufenthaltsraum dienen sollte, mussten neben den Betten auch noch Tische, Sitzgelegenheiten und Öfen Platz finden.[260]

Die einzelnen Zimmer waren aus diesem Grund stets überfüllt und das Leben dort war für den Einzelnen keineswegs komfortabel. In den ehemaligen Pferdeställen von Oksböl wurden ebenfalls Flüchtlinge untergebracht.[261] Labinsky äußerte sich dazu wie folgt: „Wir wohnen in einer Baracke. Die Schwester und meisten Bekannten aber im Pferdestall. Ein Elend ohnegleichen. Menschenunwürdig wie ich noch nichts

---

257 Havrehed 1989, S. 351-352. Vgl. auch Langberg 1951, S. 31.
258 Mix 2005, S. 65.
259 Ebenda.
260 Ipsen 2002, S. 21-22.
261 Ebenda, S. 23. Etwa ein Drittel wohnte dort.

sah."²⁶² Da die Ställe keine eigene Raumteilung aufwiesen, bemühten die Menschen sich ihre Privatsphäre mit Hilfe von aufgehängten Decken und Tüchern zu erschaffen, mit deren Hilfe sie eine künstliche Raumteilung konstruierten. Ernst Ladwig lebte als Kind in Oksböl im Pferdestall XI d und verfasste ein Lied zu den Lebensumständen in den Ställen, das hier in seinen aussagekräftigsten Strophen zusammengefasst ist:

> *Die Kinder balgen sich und weinen, und schlagen immerwährend Krach, und werfen sich mit Sand und Steinen in unserm schönen Pferdsgemach. (...) Der Wind saust kalt durch alle Fugen, es zieht wie doll durch unsre Burg, und wenn die Regentropfen schlugen, dann regnet's allerorten durch. (...) Mitunter krabbelt auch ein Mäuschen, im Schlaf dir über deinen Kopf, und auch ein allerliebstes Läuschen, juckt dir an deinem Haareschopf. (...) Sollten wir noch hier überwintern, dann ist es mir ganz sonnenklar, versohlt wird noch manch Kinderhintern von unserer lieben Frauenschaar. (...) Wir sollten wirklich uns bequemen und stellen das Gezänke ein, die Nörgler sollten sich was schämen, solch' Tun ist unschön und gemein.*²⁶³

In den Pferdeställen sowie in den Baracken wurde gemeinsam gegessen, gelebt und geschlafen. Die Enge, die das Leben der Flüchtlinge begleitete, war für viele Menschen schwer erträglich. Frau Labinsky schilderte in ihrem Tagebuch Momente, in denen sie es in den Baracken nicht mehr aushielt und nur die Weite der Natur²⁶⁴ sie von dieser Enge befreien konnte. Sie selbst lebte mit insgesamt 16 Menschen gemeinsam in einer Baracke, die aus nur einem Zimmer bestand; unter den Bewohnern waren sieben Kinder. Dies deckt sich mit den Aussagen der von Mix angeführten Zeitzeugen. Aus dem Bild „Familieibarak"²⁶⁵ werden die charakteristische Einrichtung ebenso wie die Platzverhältnisse ersichtlich. Es befinden sich auf dem Foto acht Personen in einem kleinen Raum von geschätzten zehn Quadratmetern. Wie groß der Raum war, kann nicht sicher beurteilt werden, da das

---

262 Labinsky Tagebuch. Eintrag vom 10. Januar 1947. „Ruhe – Ruhe verlangt mein Herz. Das Hin + Herlaufen vor meinen Füßen macht mich zu Hause ganz verrückt. Kein ungestörtes Plätzchen. Ach, wo ist ein wahres „zu Hause?"
263 Ernst Ladwig, verfasst am 30. August 1945. Nach der Melodie von „Wem Gott will rechte Gunst erweisen". Anhang Abb. 11 und 12, S. 88 und 89.
264 Wobei auch diese eingeschränkt war, da die Lager durch Stacheldraht eingezäunt waren.
265 Anhang Abb. 1, S. 82.

Foto nur einen Ausschnitt wiedergibt. Weiterhin zeigt das Foto ein Stockbett auf der linken Seite des Zimmers und einen an der Wand stehenden provisorischen Schrank sowie gestapelte Behälter. Am Tisch in der Mitte des Bildes befinden sich die erwähnten acht Personen, deren Zusammensetzung die durchschnittliche Verteilung der Flüchtlinge bestätigt: Sechs der acht Menschen sind Kinder unter 15 Jahren, die beiden erwachsenen Personen sind weiblich. Diese Tatsache leitet auf die Volkszählung von 1946 über, die die Anzahl der Kinder unter 15 Jahren auf zirka ein Drittel festsetzt. Das bedeutete permanenten Lärm und die Aufgabe der Privatsphäre für die übrigen Menschen in den Baracken. Es deckt sich mit den Empfindungen von Frau Labinsky und vielen weiteren Zeitzeugen. Ein weiteres Problem außer der Raumnot bestand darin, dass die Menschen sich untereinander oftmals nicht kannten und notgedrungen auf unbestimmte Zeit zusammenleben mussten. Dies führte unweigerlich zu Konflikten, von denen auch Frau Labinsky berichtet, wenn sie schreibt: „Der Ärger hielt an, nachdem ich ihr am Montag nochmal alles auseinandersetzte. Ich vertrage ich mit jedem, aber manchmal sage ich auch etwas." Obgleich etliche Flüchtlinge sich mit den unfreiwilligen Mitbewohnern arrangieren mussten, bemühte sich die Flüchtlingsverwaltung dennoch, Familien gemeinsam unterzubringen oder zumindest Menschen aus denselben Gegenden oder mit ähnlichen Interessen zusammenleben zu lassen.[266] Dass dies nicht immer gelingen konnte, ist angesichts der Menschenmassen verständlich. Neben dem ständigen Lärm durch die vielen Kinder und der Belastung, mit fremden Menschen auf engstem Raum zusammenleben zu müssen, erwiesen sich außerdem die anhaltende Sehnsucht nach geliebten Menschen, aber auch nach der verlorenen Heimat und die Versorgung der Flüchtlinge mit dem Nötigsten wie Brennholz und Kleidung als problematisch. Frau Labinsky verfasste die obigen Zeilen am 5. Januar 1947 im Lager Nyboel[267] und hatte ihren Mann zu dem Zeitpunkt seit bereits zwei Jahren nicht mehr gesehen. Erschwerend hinzu kam die Ungewissheit über das Schicksal von Kurt Labinsky. In den zwei Jahren hatte sie kein Lebenszeichen

---

266 Langberg 1951, S. 33.
267 Erst im März 1947 zogen sie um ins Lager Oksböl.

von ihm erhalten.[268] Die psychische Belastung war für viele Flüchtlinge schwer erträglich, hatten sie doch bereits Heimat und Eigentum zurücklassen müssen, waren in einem fremden Land auf unbestimmte Zeit interniert worden und bangten zusätzlich um das Leben geliebter Menschen ebenso wie um ihre eigene Zukunft, die im Ungewissen lag. Die Tagebucheinträge von Frau Labinsky beschreiben neben dem Alltagsleben im Lager hauptsächlich ihre Gefühle im Hinblick auf die lange Trennung von ihrem Mann und ihre eigene emotionale Verfassung:

6 Jahre verheiratet und nur 1¹/⁴ Jahr beisammen. 3 Weihnachtsfeste ohne unseren Pappi. (…) Wenn wir durch den Krieg auch getrennt waren, so gab es doch die Briefe. Aber nun nichts – nichts. Die schönsten Kinderjahre gehen ungesehen für den Papa vorbei. (…) Mit der Zeit wird es im Herzen dunkel vor Kummer und Sehnsucht.[269]

Diese Zeilen verfasste Frau Labinsky an ihrem sechsten Hochzeitstag und drückte damit die Wehmut und Trauer aus, die vielen Flüchtlingen aufgrund der Trennungen von geliebten Menschen zu Eigen geworden war. Auch die Kinder im Lager mussten mit der teils sehr langen Abwesenheit oder dem Tod des Vaters umzugehen lernen. So erging es den Kindern von Frau Labinsky, Michael und Irene. Irene 1946 fünf Jahre alt und Michael, drei Jahre alt, vermissten ihren Vater oft schmerzlich. Am 1. Januar 1947 schrieb Frau Labinsky: „Wenn sie und ihr Brüderlein auch oft fragen und sprechen von Papa. „Wir wollen doch zu Papa nach Hause fahren. Aber weder Papa noch ein zu Hause ist für uns erreichbar."[270] Als der Vater sich aus der Kriegsgefangenschaft endlich per Brief melden konnte, war auch aus seinen Worten die Tragik einer auseinandergerissenen Familie herauszulesen, wie es im und nach dem Krieg unzählige gegeben hatte: „Irene geht nun schon zur Schule, schade, ich liebe diese „Kleinkinderaugen" so. Was macht mein Nachfolger? Erziehe die Würmer nicht zu weich! Hörst du! Müssen wir mit den Kinderaugen so lange warten, bis wir Großvater werden."[271] In Folge der langen Trennung hatte er die prä-

---

268 Am 11. Februar 1947 kam die Nachricht, dass Kurt Labinsky am Leben und in sowjetischer Kriegsgefangenschaft sei.
269 Labinsky Tagebuch. Eintrag vom 21. Dezember 1946.
270 Labinsky Tagebuch. Eintrag vom 1. Januar 1947.
271 Brief von Kurt an seine Frau, 17. Mai 1948.

genden ersten Jahre seiner eigenen Kinder nicht miterleben können und diese Zeit unwiderruflich verloren. Ähnlich wie der Familie Labinsky erging es den meisten Flüchtlingen in Dänemark, die fernab ihrer Heimat waren.[272]

„Die Kälte hält an. Im vorigen Winter haben wir ja noch mehr erlebt. (...) Wenn der Wind nicht wäre, aber er hat ja keinen Widerstand an Wald oder dergleichen. Sibirien im kleinen zu Winterzeiten und Wüste Sahara im Sommer (...)", schrieb Frau Labinsky am 5. Januar 1947 über die Temperaturen im Lager Nyboel und erfasste damit ein weiteres zentrales Problem der Lagerinsassen. Der Winter 1946/1947 war ein besonders kalter gewesen und der Eintrag stammt aus dieser Zeit. In vielen Berichten wurde von Seiten der Flüchtlinge über die mangelhafte Verpflegung mit Brennmaterial geklagt.[273] Doch Dänemark besaß nur wenige Vorräte und war auf Importe angewiesen, die beispielsweise aus den USA erfolgten. Im Winter 1946/1947 allerdings wurden die Transporte durch einen Streik unterbrochen.[274] Flüchtlinge, Lagerkommandanten und die dänische Flüchtlingsverwaltung organisierten alles, was nur irgendwie brennbar war, um die Menschen in den Lagern vor der eisigen Kälte zu schützen. Die Menschen in den Pferdebaracken von Oksböl waren von der Kälte besonders betroffen. In den Lagern Grove und Gedhus gab es in der Nähe des Lagers kleine Waldstücke, in denen die Flüchtlinge unter Bewachung trockene Äste und Ähnliches sammeln durften.[275] Ohne Erlaubnis durften die Flüchtlinge allerdings kein Holz hacken. „Früh ein 65jähr. Mann, 1 jg. Frau erschossen, 1 Mann angeschossen wegen Holzhacken. Wie soll man sich etwas zum Essen kochen ohne Holz?"[276], notierte Frau Labinsky im April 1947. Die Schüsse ließ sie allerdings unkommentiert. Üblich war als Heizmaterial auch Torf, der aber unter den gegebenen Umständen nur schlecht brennbar war. Doch auch Diebstähle kamen

---

272 Brief vom 4. September 1948. Da Ostpreußen nicht länger zu Deutschland gehörte, konnten sie nicht in ihre Heimat zurückkehren. Die Sehnsucht blieb ein Leben lang.
273 Mix 2005, S. 68–69. Mix nennt mehrere Zeitzeugenberichte.
274 Ebenda.
275 Mix 2005, S. 68. Havrehed 1989, S. 163.
276 Labinsky Tagebuch, Eintrag vom 3. April 1947.

vor, davon berichten mehrere Zeitzeugen aus unterschiedlichen Lagern wie Frau Rothe-Ewert:

> *Der Torf ging in die Großküchen. Wenn er angeliefert wurde, liefen die Leute hinter den Lastautos her und versuchten, ein paar Torfstücke zu erbeuten. Neben den Küchen wurde der Torf gestapelt und bewacht. Man musste nachts an einer Ecke so einer Miete Lärm machen, dann liefen die Wachposten dorthin, und an der anderen Seite wurde geklaut. Eine weitere Möglichkeit, ein bisschen zu heizen, bestand darin, dass aus den Betten „überflüssige" Bretter genommen und verheizt wurden. Im Laufe der Zeit wurde die Möglichkeit, mit dem Strohsack nach unten durchzufallen, immer größer. Auch die Holzschemel waren nicht sicher, wenn es zu kalt wurde.*[277]

Oft war in diesem Winter kein warmes Wasser vorhanden und obwohl die Flüchtlingsadministration angeordnet hatte, dass jeder Flüchtling alle 14 Tage warm baden oder duschen dürfe, ist nicht eindeutig festzustellen, ob es für die Anweisungen genügend Brennmaterial gegeben hatte.[278] In den meisten Lagern wird dies nicht der Fall gewesen sein. Gisela Rothe-Ewert merkte außerdem an, dass die Gemeinschaftsduschen nur einmal monatlich geöffnet worden seien und es in den Baracken ausschließlich kaltes Wasser zum Waschen gegeben habe.[279] Ein weiteres zentrales Problem, das besonders durch die eisigen Temperaturen zum Tragen kam, stellte die notdürftige Bekleidung der Flüchtlinge dar. Sie hatten auf ihrer Flucht nur das mitnehmen können, was sie hatten tragen können und waren nicht selten nur mit dem in Dänemark angekommen, was sie am Leibe trugen. „Wäschewaschen war schwierig, das Trocknen auch, vor allem im Winter. Wir hatten kaum Kleidung und Wäsche."[280] Aus dieser Not heraus zeigten die Flüchtlinge sich sehr erfinderisch, wenn es darum ging, Kleidung selbst herzustellen. Viele Frauen wie Gisela Rothe-Ewerts Mutter nähten aus Decken oder Ähnlichem Kleidung für ihre Kinder oder für sich selbst:

> *Meine Mutter opferte eines Tages eine unserer Militärdecken und nähte ihren beiden Kindern daraus Mäntel. Vorher zog sie die blauen Fäden aus den Rändern und stickte damit Blumen auf die Kapuzen. Woher sie die*

---

277 Bericht Gisela Rothe-Ewert. Mix 2005, S. 68.
278 Mix 2005, S. 70.
279 Bericht Rothe-Ewert. Aus dem Ordnungsreglement geht ebenfalls hervor, dass es nur kaltes Wasser gegeben hatte.
280 Bericht Rothe-Ewert.

Nähnadel hatte, weiß ich nicht. Nähgarn bekam man, wenn man einige Kettfäden aus den Decken zog. Zwei alte Damen, beide über neunzig Jahre alt, sammelten weiße Mullbinden, zerschnitten sie der Länge nach in Streifen, fertigten aus im Wald gesuchten Zweigen Stricknadeln und strickten Pullover. Die sahen wegen der Fusseln an den Rändern der Streifen aus wie Angorapullover.[281]

Allerdings gab es auch Spenden für die Lagerinsassen und besonders die so genannte Schwedenspende war vielen Flüchtlingen ein Begriff. Mix nennt einige Zeitzeugen, die sich zu den Spenden aus Schweden äußerten[282], der Verfasserin liegt solch eine Erwähnung aus Quellen nicht vor, aber Frau Labinsky berichtet, dass an alle Lagerinsassen Wollstrümpfe verteilt worden seien. Woher diese stammten, ob aus Spenden oder auf Geheiß der Behörden hin, wird nicht näher ausgeführt.[283] Überdies spendeten kirchliche Organisationen Kleidung oder Material an die Flüchtlingslager.[284] Die Kleidung war sehr provisorisch und wirkte oft eintönig, deshalb halfen sich viele ehemalige Flüchtlinge mit selbst angefertigte Stickereien aus, wie auch Frau Rothe-Ewert es tat. Mix erwähnt in seinem kurzen Kapitel zu der Kleidung der Flüchtlinge auch öffentliche Nähstuben, in denen die Frauen Kleidung für sich und ihre Kinder anfertigen konnten, eventuell stammte das Nähgarn von Frau Rothe-Ewerts Mutter aus einer der Nähstuben. Ob es diese Einrichtungen in allen Lagern gab, weiß Mix nicht zu sagen, Havrehed erwähnt es in seinem Werk ebenfalls nicht.

3. Gesundheit und Hygiene

3.1 Organisation und Vorgeschichte

Einen weiteren wichtigen Aspekt neben der Grundversorgung der Flüchtlinge in Form von Nahrung und Wohnverhältnissen bildete die Gesundheitsfürsorge. Der Gesundheitszustand vieler Flüchtlinge, insbesondere der der Kinder, war bei der Ankunft in Dänemark besorg-

---

281 Ebenda.
282 Mix 2005, S. 115.
283 Labinsky Tagebuch. Eintrag vom 26. Januar 1947.
284 Mix 2005, S. 115–116.

niserregend und machte ärztliche Unterstützung sowie die dauerhafte Etablierung sanitärer Anlagen in allen Lagern dringend erforderlich.

In den Monaten vor der Kapitulation war es von dänischer Seite aus vollkommen unklar, wer die medizinische Verantwortung für die Flüchtlinge trug, denn seit der deutschen Besetzung 1940 waren deutsche Soldaten und ab 1945 auch die deutschen Flüchtlinge von der Wehrmacht ärztlich versorgt worden.[285] Doch mit dem Flüchtlingsansturm stand die Wehrmacht vor einer immensen Herausforderung: Die große Anzahl an Flüchtlingen, die vor allem im April 1945 Zuflucht in Dänemark fand, konnte nicht mehr ausschließlich von ihr betreut werden.[286] Sie benötigten dringend die Unterstützung der Dänen und traten in Folge dessen mit ihnen in Verhandlung. Diese erwiesen sich aufgrund der Unklarheiten über die Zuständigkeitsbereiche als schwierig. Der Vorsitzende des Allgemeinen Dänischen Ärzteverbandes, Dr. med. Mogens Fenger, machte seine deutschen Verhandlungspartner[287] darauf aufmerksam, dass die deutschen Flüchtlinge nach Wehrmachtsbestimmungen als Wehrmachtsangehörige zu betrachten seien und somit der Fürsorge und der ärztlichen Versorgung durch diese unterlägen.[288] Erschwerend hinzu kam der rechtliche Status der Flüchtlinge, der sich auf die Haager Konvention bezog. Obgleich die Einwände berechtigt waren, konnte die Wehrmacht nicht auf die dänische Unterstützung verzichten. Schließlich fanden der dänische Ärzteverband und das Gesundheitsministerium einen annehmbaren Kompromiss, der folgende Bestimmungen festlegte: Dänische Ärzte sollten bis zum 25. März 1945 bei anstehenden Geburten, komplizierten chir-

---

285 Havrehed 1989, S. 154. Die Wehrmacht verfügte über eigene Ärzte und Lazarette. Nur vereinzelt hatte es eine Zusammenarbeit zwischen deutschen und dänischen Ärzten gegeben. Nähere Daten sind nicht bekannt, da kein Däne zugeben wollte oder konnte, mit Deutschen kooperiert zu haben aus Angst vor der Widerstandsbewegung.

286 Ebenda, S. 155. http://oksbol1945-49.dk/dk.php/daglig/pliv_dod/sub/ib_sygdom (Letzter Zugriff am 14. Juni 2015), Interview Inge Bach: „Es gab einen Arzt bei der Truppe, die in Langå stationiert war und der hatte sich um uns gekümmert. Aber er war sicherlich auch überfordert damit, denn mit Kinderkrankheiten hatte er bestimmt nie was zu tun gehabt."

287 Ebenda, S. 156. Verhandlungspartner waren unter anderem Dr. Best und Dr. Stalmann.

288 Ebenda. All diese Verhandlungen fanden im März 1945 statt.

urgischen Eingriffen und vor allem bei ansteckenden Erkrankungen wie Typhus, Paratyphus, Ruhr und Fleckfieber medizinische Hilfe leisten, schon um die dänische Bevölkerung vor Epidemien zu bewahren.[289] Auch nach dem vereinbarten Zeitraum kam es in Ausnahmefällen vor, dass deutsche Flüchtlinge mit ansteckenden Erkrankungen in dänischen Krankenhäusern behandelt wurden.[290] Eine spürbare Veränderung in der medizinischen Versorgung erfolgte durch die Übernahme der Verantwortung für die Flüchtlinge durch die dänischen Behörden ab Mai 1945. Die Wehrmacht hatte das Gesundheitswesen in einem schlechten Zustand hinterlassen und die Dänen benötigten ein paar Monate, um die Zuständigkeitsbereiche zu regeln. Bis zum 13. Juni 1945 arbeitete der Staatliche Zivile Luftschutz eng mit dem Dänischen Roten Kreuz in Kopenhagen zusammen.[291] Anschließend wurde diese Kooperation abgelöst von der „Dienststelle für Deutsche Flüchtlinge", die an die Stelle des Dänischen Roten Kreuzes trat. Nachdem auch diese Zusammenarbeit nur bis zum 12. Oktober 1945 anhielt, übernahm schließlich die Sanitätsabteilung des Staatlichen Zivilen Luftschutzes den Dienst selbstständig. Dänische Amtsärzte fungierten als Vermittler zwischen dem dänischen Gesundheitsministerium und dem Staatlichen Zivilen Luftschutz und wählten außerdem die dänischen Chefärzte aus, die in den einzelnen Lagern die Aufsicht führen sollten.[292] Zusätzlich wurden sechs dänische „reisende Krankenschwestern" eingestellt, um in der größten Not auszuhelfen; dazu kam die Einstellung des deutschen Chefarztes Dr. med. Franz Amann, der als Vermittler zwischen den deutschen Lagerärzten und dem dänischen Sanitätspersonal fungierte. Auch eine Apotheke mit deutschem Personal wurde eingerichtet, die allerdings von dem dänischen Apotheker L. Thomsen verwaltet wurde. Die dänischen Ärzte, die die Aufsicht führten, erhielten je nach Flüchtlingsanzahl in den Lagern ein Honorar.[293] Außer dänischen Ärzten wurden auch deutsche Mediziner

---

289 Mix 2005, S. 118. Havrehed 1989, S. 156. Er bezieht sich auf den Zeitraum bis zum 25. März 1945. Die Aussagen decken sich mit Mix.
290 Mix, S. 118. Scharlach und Diphterie zählten nicht dazu.
291 Ebenda. Diese Zusammenarbeit wurde schließlich durch die Widerstandsgruppe Borgelige Partisaner (BOPA) beendet.
292 Havrehed, S. 158.
293 Ebenda.

und Krankenschwestern, die als Flüchtlinge nach Dänemark gekommen waren, in die Arbeit involviert. Sie erhielten keine Bezahlung[294], durften das Lager aber mit dänischer Erlaubnis verlassen. Nachdem die Zuständigkeitsbereiche definiert worden waren, konnte die deutschdänische Zusammenarbeit gelingen. Es ist nicht genau nachweisbar, wie viele deutsche Ärzte und Krankenschwestern in den Lagern ihren Dienst taten; Havrehed nennt folgende Zahlen, die wahrscheinlich den Zeitraum ab Ende 1945 betreffen: 300 Ärzte, 2.000 Krankenschwestern, 81 Zahnärzte und Zahntechniker, 46 Hebammen, 991 Krankenhelfer, 40 Masseure und Masseusen, 62 Apotheker, 88 technische Assistenten und zusammengenommen etwa 160 Verwaltungshilfen.[295] Aus dieser Auflistung wird ersichtlich, dass es eine große Anzahl an Personen in den Lagern gegeben hatte, die die sehr umfassende medizinische Betreuung der Flüchtlinge gewährleisten konnten. Labinsky erwähnt sogar eine psychiatrische Abteilung, macht dazu aber keinen näheren Angaben.[296] Einige Lager wie Oksböl glichen damit eher einer in sich geschlossenen Stadt mit allen dazugehörigen Abteilungen als einem notdürftigen Lager. Sinn und Zweck der deutsch-dänischen Kooperation war es, Krankheiten und gesundheitliche Probleme zu behandeln und vorzubeugen. Aus diesem Grund hatte mit der Internierung in die Lager im Sommer 1945 die sofortige Massenimpfung gegen Typhus, Paratyphus und Dysenterie begonnen. Im wöchentlichen Abstand wurden jedem Flüchtling drei Injektionen injiziert.[297] In den darauffolgenden Monaten nahm man außerdem eine Schutzimpfung aller Lagerinsassen gegen Diphterie und Tuberkulose vor.

> *Gestern am 13.6.1945 war wieder Impfung Sind heute den 14.6.1945 ganz krank. (…) Heute am 19.6.1945 wurden wir wieder geimpft, ach man hat Angst gehabt. (…) Heute der 30.8.1945 meine Tochter ist ganz krank vom impfen gegen Kinderlähmung und Diphterie. (…) Heute der 17.9.1945 wurden meine Kinder geimpft. Wieder gegen Diphterie. (…) 25.10.1945 Abends musste meine Tochter nochmal zur Impfung auf dem Oberarm.*

---

294 Ebenda, S. 160. Erst zum Ende ihrer Dienstzeit in Dänemark bekamen sie ein bisschen Geld.
295 Ebenda.
296 Labinsky Tagebuch. Eintrag ohne Datum.
297 Mix 2005, S. 127.

3. Gesundheit und Hygiene

Dieser Textausschnitt stammt aus dem Tagebuch von Frau Luzie Klinger und gibt einen Einblick in die medizinische Versorgung der Flüchtlinge. In kurzen Abständen (Juni, August, September und Oktober 1945) wurden die beiden Töchter von Frau Klinger geimpft, vermehrt gegen Diphterie. Dass einige Kinder die Impfungen nicht gut vertrugen, geht ebenfalls aus diesen Aufzeichnungen hervor. Weder Mix noch Havrehed nehmen darauf Bezug, dass Kinder nach den Impfungen eventuell gesundheitliche Probleme zeigten. Wahrscheinlicher ist es, dass die Gefahr der Impfunverträglichkeit geringer war als die Gefahr einer Epidemie bei einer nicht getätigten Impfung. Da die Flüchtlinge isoliert lebten, war die Gefahr einer Epidemie, die auch die dänische Bevölkerung betreffen könnte, nicht allzu groß, dennoch erfolgten die Impfungen vor allem zum Schutz der dänischen Bevölkerung. Einige Erkrankungen traten trotz der Impfungen wieder auf, wie zum Beispiel die Tuberkulose.[298] Mix berichtet nach der Untersuchung zahlreicher Zeitzeugenberichte von der groben Behandlung der Patienten durch die dänischen Ärzte und Krankenschwestern, die die Impfungen durchführten. Der Zeitzeuge Helmut Thurau bestätigt diesen Vorwurf.[299] Havrehed lässt diese Beschwerden unkommentiert, eventuell weil ihm diesbezügliche Aussagen nicht vorlagen. Einige Flüchtlinge fürchteten, dass es sich bei den Impfungen um Experimente handeln könnte: Eine Befürchtung, die angesichts der Ereignisse im ehemaligen Deutschen Reich verständlich war. Die Dänen wiesen dieses Misstrauen empört zurück.[300] Skeptisch zeigten sich manche Flüchtlinge auch aufgrund der Calmette-Impfung, die in Deutschland verboten gewesen war.[301]

---

298 Ebenda, S. 128.
299 http://oksbol1945-49.dk/dk.php/kino/p/sub/ht_vaccine (Letzter Zugriff am 14. Juni 2015), Interview Helmut Thurau: „Das Schlimmste für mich als Kind war das viele Impfen. Wir wurden gegen alles Mögliche geimpft: Typhus, Cholera, Diphterie und, und, und. Diese Ärzte, ich würde sagen, das waren „swine"! 5.000 an einem Morgen. Das ging immer zack. Da haben sie mir hier mal [Thurau zeigt auf seinen Brustkorb] eine Spritze draufgesetzt, die ist abgebrochen. Haben sie mir dann rausgeholt und hier [Thurau deutet auf seinen Oberarm] auf den Knochen. (…) Und von da an hatte ich mein ganzes Leben lang Angst vor Spritzen."
300 Havrehed 1989, S. 169–170.
301 Mix 2005, S. 127.

Darüber hinaus mangelte es vor allem 1945 an der Hygiene in vielen Lagern – ein Umstand, der ebenfalls zu Erkrankungen vieler Flüchtlinge beitrug.[302] Die Flüchtlinge waren besonders in den ersten Monaten nach ihrer Ankunft in Dänemark durch die Strapazen der Flucht und die allgemein herrschenden Bedingungen nach dem Krieg gesundheitlich vorbelastet. Nachdem sie zu Tausenden zusammengedrängt in die Lager interniert, der Witterung und Ungeziefer ausgesetzt worden waren, erkrankten zunächst Etliche.[303] Die von der Flüchtlingsverwaltung herausgegebene Lagerordnung zeigt zwar, dass die Anordnungen[304] zu einem hygienischen Zusammenleben bereits seit Juli 1945 bestanden, inwieweit sie allerdings in den einzelnen Lagern umgesetzt werden konnten, muss aufgrund der chaotischen ersten Monate unter dänischer Obhut differenziert betrachtet werden. Jedoch stand es den Flüchtlingen zu einmal wöchentlich das Brausebad zu nutzen, sofern solche Bademöglichkeiten vorhanden waren.[305] Außerdem wurden die Flüchtlinge regelmäßig und vor allem vor ihrer Internierung entlaust. Luzie Klinger war für diese Behandlung sehr dankbar: „Heute um 8 ½ Uhr gingen wir rüber durch die Wache (Dänische) zur Entlausung und baden, das war herrlich. Brausebad, gleichzeitig wurden die Haare entlaust."[306] Trotz aller Maßnahmen, die die dänischen Behörden zum gesundheitlichen Wohl der Flüchtlinge ergriffen hatte, konnte jedoch nicht verhindert werden, dass besonders in den ersten Monaten nach der Kapitulation viele Flüchtlinge den Strapazen der Flucht und den Lebensumständen in den Lagern erlagen.

---

302 Betroffen waren besonders die größeren Lager wegen der anfangs chaotischen Zustände.
303 http://oksbol1945-49.dk/dk.php/daglig/pliv_dod/sub/ib_sygdom (Letzter Zugriff am 14. Juni 2015), Interview Inge Bach: „Als wir nach Langå kamen nach mehreren Wochen Flucht, Entbehrungen, harten unhygienischen Verhältnissen und so weiter kamen wir zur Ruhe und die meisten wurden erstmal krank. Sehr viele. Es gab alles Mögliche: Vor allen Dingen wohl Magen- und Darmkrankheiten. Wir haben ja auch gehungert während der Flucht und dann verträgt man ja nicht alles Essen. Es gab Hautausschläge und es gab einzelne Fälle von Lungenentzündung. Und das betraf besonders kleine Kinder."
304 Ordnungsreglement Anhang Abb. 15, S. 92: „Aborte und Latrinen sind im Laufe von 24 Stunden mindestens 2 Mal zu reinigen. Die Abortsitze sind mit Lysol od. ähnl. Abzuwaschen."
305 Ordnungsreglement Anhang Abb. 15, S. 92.
306 Luzie Klinger Tagebuch. Eintrag vom 14. Juni 1945.

3.2 Kirsten Lylloff und ihre Kritik an der dänischen Ärzteschaft

Ihr gestorbener Junge ist unserem aus dem Gesicht geschnitten. War 3 Wochen jünger. Der Kleine starb durch die Unvernunft des Sani-Personals. Nur wenige hätten sterben brauchen. Über die Tausenden haben die Ärzte auf dem Gewissen.[307]

Dieser Textauszug leitet auf ein umstrittenes Thema der Gesundheitsfürsorge über: Die hohe Kindersterblichkeit in den ersten Monaten des Jahres 1945 und die daraus resultierende Kritik der Ärztin und Historikerin Kirsten Lylloff an der dänischen Ärzteschaft. Sie vertrat 1999 in einem Aufsatz[308] die These, die Dänen und allen voran die dänischen Ärzte hätten passiv zugesehen, wie tausende der deutschen Flüchtlinge und besonders deren Kinder starben und ihren Hippokratischen Eid damit gebrochen. Lylloff legte den Dänen außerdem die „massive Verdrängung dieser Tragödie in den Jahren danach"[309] zur Last. Die hohe Kindersterblichkeit unter den deutschen Flüchtlingen in Dänemark war bis zu Lylloffs Artikel kaum erforscht oder diskutiert worden, konkrete Zahlen über die Todesfälle aus dem Jahr 1945 waren außerdem nur schwer zu ermitteln, da die dänischen Behörden keine Registrierungen von Taufen, Geburten oder Sterbefällen vorgenommen hatten.[310] Doch Lylloff gelang es bei ihren Nachforschungen die in diesem Jahr schlechte Nahrungssituation und mangelnde Krankenversorgung nachzuweisen.[311] In ihrer Argumentation bezieht sie sich auf ihre eigenen Erfahrungen im Krankenhaus Hillerød, in dem sie als Ärztin tätig gewesen war. Zu seinem Einzugsgebiet gehörte das Flüchtlingslager Hoevelte, ein von Krankheiten besonders betroffenes Lager. Im Krankenhaus jedoch wurde kein einziger Flüchtling medizinisch behandelt.[312] Dieser Aufsatz gab Anlass zu einer langen und teils sehr heftig geführten Diskussion; die Todeszahlen unter den Flüchtlingen

---

307 Tagebuch Labinsky. Eintrag vom 17. Januar 1947.
308 Lylloff, Kirsten: „Kan lægeløftet gradbøjes? Dødsfald blandt og lægehjælp til de tyske flygtninge i Danmark 1945", in: Historisk Tidsskrift 99 (1999), S. 33–68, hier S. 63.
309 Mix 2005, S. 119. Lylloff 1999, S. 34.
310 Olesen 2007, S. 261.
311 Mix 2005, S. 119. Bei eben diesen Nachforschungen hatte sie kein Archivmaterial des Ärzteverbandes erhalten, dieses sei durch einen Brand vernichtet worden.
312 Mix 2005, S. 120.

konnten und können allerdings nicht bestritten werden. Vielmehr wird aktuell die Frage erörtert, ob die vielen Todesfälle vermeidbar gewesen wären.

Von Anfang Februar bis Mai 1945 verstarben 6.580 Flüchtlinge in Dänemark.[313] Dabei fallen die hohen Todeszahlen unter den deutschen Flüchtlingskindern besonders ins Auge: In diesem Zeitraum starben 4.132 Kinder unter 15 Jahren; weitere 3.614 Kinder verloren bis zum Ende des Jahres 1945 ihr Leben. Je jünger ein Kind war, desto geringer war seine Überlebenschance. Das in dem Tagebuchausschnitt erwähnte Kind wurde nur knapp vier Jahre alt und bestätigt die grausame Bilanz.[314] Zudem lag 1945 die Sterblichkeitsrate der Säuglinge bei 80 Prozent.[315] Langberg setzt einen Vergleich, indem er die Anzahl der verstorbenen Kinder vor der Kapitulation (6.580) mit der Gesamtanzahl verstorbener Flüchtlinge von 1945 bis 1949 (17.209) anführt.[316] Mehr als ein Drittel der Flüchtlinge verstarb vor der Kapitulation. Todesursachen waren bei den Kindern vor allem Unterernährung, Lungenentzündungen und Magen-Darm-Erkrankungen, häufig bedingt durch ein von der Flucht und den Lebensbedingungen in den Lagern geschwächtes Immunsystem. Während Labinsky und Lylloff die hohe Sterblichkeitsrate auf das Desinteresse und die Unverantwortlichkeit der Ärzte zurückführen, führte Langberg die Strapazen der Flucht und die dürftige medizinische Versorgung der Flüchtlinge durch die Wehrmacht als Gründe[317] an und vertritt damit die vorherrschende offiziel-

---

313 Langberg 1951, S. 18. Schultheiss, Michael: „Ob man an die kleinen Kinder gedacht hat…? Die Verhandlungen über medizinische Hilfe für deutsche Flüchtlinge in Dänemark am Ende des Zweiten Weltkriegs, in: NORDEUROPAforum (2009:2), S. 37–59. Hier S. 39. http://edoc.hu-berlin.de/nordeuropaforum/2009-2/schultheiss-michael-37/PDF/schultheiss.pdf (Letzter Abruf: 14. Juni 2015), Olesen 2007, S. 261.

314 Olesen 2007, S. 261. Etwa ein Drittel der unter Fünfjährigen starb in den ersten Monaten des Jahres 1945.

315 Schultheiss 2009, S. 39. Agnes Sauermanns Bruder wurde im Juli 1945 in Aarhus geboren. Sie erwähnte, dass ihre Familie großes Glück gehabt habe bei der hohen Kindersterblichkeit kein Kind verloren zu haben. Anhang Abb. 9, S. 86. Geburtsurkunde Hans Sauermann.

316 Langberg 1951, S. 18.

317 Ebenda. Obwohl er auch die mangelnde medizinische Versorgung in den Lagern eingesteht.

le Meinung bis zum Erscheinen des Artikels 1999.[318] Offiziell hatte es bis zu diesem Aufsatz geheißen, die hohe Kindersterblichkeit in den ersten Monaten des Jahres 1945 sei in den Strapazen der Flucht und deren Folgen begründet.[319] Havrehed übernimmt in seinem ansonsten sehr umfassenden Gesamtwerk diese Position unreflektiert und reiht sich somit in die lang vorherrschende offizielle Stellungnahme ein.[320]

Als wichtigstes Argument hebt Lylloff das Rundschreiben vom 25. März 1945 hervor, in dem die Generalversammlung des dänischen Ärzteverbandes die Nothilfe für deutsche Flüchtlinge aufhob, die bis dahin bestanden hatte. Ihrer Ansicht nach widersprach das Rundschreiben dem Hippokratischen Eid.[321] Zusätzlich kritisiert Lylloff die verweigerte Aufnahme von an Scharlach und/oder Diphterie erkrankten Personen sowie die verweigerte Hilfeleistung für kranke deutsche Kinder, denn die Nothilfe hatte sich nicht auf die Kinderkrankheiten erstreckt, denen viele der Kleinkinder schließlich erlagen. Bei einer über den März hinaus gewährleisteten medizinischen Notversorgung durch dänische Ärzte hätten viele Flüchtlinge nicht sterben müssen, so der Vorwurf Lylloffs. Sie macht außerdem darauf aufmerksam, dass etliche der Kinder erst Monate nach der Ankunft in Dänemark ihren Krankheiten erlagen. Diese Tatsache deute auf medizinische Vernachlässigung durch die dänische Verwaltung hin. Die Kinder waren zwar durch die Anstrengungen der Flucht geschwächt gewesen, allerdings auch durch die Umstände in den Lagern. Die den Kindern zugeteilte Nahrungsration hatte häufig nicht die benötigte Kalorienanzahl, die Platzverhältnisse in den Lagern trugen zu Infektionserkrankungen bei. Die Behauptung Lylloffs, dass die Todesfälle nicht mehr in den Folgen der Flucht begründet lägen, sondern in einer nicht ausreichend gewährleisteten medizinischen Versorgung durch die Dänen, bestätigt Pastor Bielenstein. Er berichtet, dass sogar zu Beginn des Jahres 1946 noch Kinder in Krankenhäuser eingeliefert worden seien, deren Zu-

---

318 Langberg 1951, S. 18 und 26.
319 Lylloff 1999, S. 34.
320 Mix 2005, S. 119. Havrehed wurde ebenfalls von Lylloff kritisiert. Mix verteidigt Lylloffs Vorwurf an Havrehed.
321 Ebenda, S. 120.

stand auf die mangelhafte Ernährung und die unhygienischen Bedingungen in einzelnen Lagern zurückzuführen sei.[322]
Warum sich die Dänen nicht unmittelbar für bessere Bedingungen eingesetzt hatten und ein Gesundheitssystem sich nur langsam etablierte, muss vor dem historischen Hintergrund differenziert betrachtet werden. Nach fünfjähriger Besatzung durch die Deutschen waren die Dänen nicht gewillt, das Volk ihrer Besatzer zusätzlich zu unterstützen. Aus diesem Grund hatte der dänische Ärzteverband seine Hilfe auch nur bis zum März 1945 zugesichert. Diese Haltung änderte sich zwar mit der Übernahme der Flüchtlinge in die dänische Obhut im Mai 1945, doch die meisten Flüchtlingskinder verstarben in der Zeit dazwischen; im April 1945.[323] Die Flüchtlinge gerieten in eine politisch motivierte Auseinandersetzung zwischen der deutschen und der dänischen Regierung hinein, die an dieser Stelle kurz erläutert werden muss, um Lylloffs Kritik in ihrer Ursache zu verstehen. Im Februar 1945 deportierte die deutsche Polizei in Dänemark 358 Dänen in deutsche Konzentrationslager. Diese Maßnahme wurde von deutscher Seite aus mit einem Mangel an Haftraum begründet.[324] Bereits am 20. Februar 1945 sorgte ein weiteres Ereignis für große Empörung und Anteilnahme auf dänischer Seite. Eine von der SS geförderte Gruppe Dänen stürmte die Wohnungen von vier dänischen Ärzten und tötete diese teils vor den Augen ihrer Familie. Diese Verbrechen standen in keinem Zusammenhang mit den deutschen Flüchtlingen, sind aber elementar wichtig, um die Umstände zu verstehen, die zu der verweigerten Hilfeleistung ab März 1945 geführt hatten. Die deutschen Behörden trugen maßgeblich zur Verhärtung der Fronten bei, obwohl sie bei der Betreuung der deutschen Flüchtlinge in dem besetzten Dänemark auf die Hilfe der Dänen angewiesen waren. Im Februar 1945 äußerte sich Svenningsen gegenüber Dr. Alex Walter[325] wie folgt über die politische Situation und ließ seine Absicht erkennen:

---

322 Ebenda, S. 122.
323 Ebenda, S. 119.
324 Schultheiss 2009, S. 43.
325 Ministerialdirektor Dr. Walter war Mitarbeiter des Reichsernährungsministeriums und Vorsitzender des Regierungsausschusses für die Wirtschaftsverhandlungen mit Dänemark.

> *Sehr wohl müssten wir von dänischer Seite (...) in jeder Situation dagegen protestieren, dass Dänemark als Evakuierungsquartier für deutsche Flüchtlinge verwendet wird, aber es wäre einfacher, sich damit abzufinden, wenn wir auf einen Schlag alle unsere ca. 4.000 nach Deutschland deportierten Landsleute nach Hause bekommen könnten.*[326]

Er sprach damit von den in Deutschland inhaftierten dänische Polizisten, die er durch einen Kompromiss mit den Deutschen zurück in ihre Heimat bringen wollte.[327] Als Druckmittel dienten die in Dänemark befindlichen Flüchtlinge, die dringend auf die Hilfe der Dänen angewiesen waren und von der politischen Situation keine Kenntnis hatten. Die Forderungen wurden auf deutscher Seite abgelehnt und in Folge dessen sicherten die Dänen in dem Rundschreiben ihre Notversorgung nur bis zum 25. März unter den bereits genannten Bedingungen zu. Es hatte jedoch auch viele Ärzte gegeben, die sich nicht an die Anweisungen des Rundschreibens gehalten hatten, wie beispielsweise Bent Andersen[328], der in einem Brief an Dr. Mogens Fenger die Zeilen verfasste, die den Titel der Arbeit von Schultheiss bilden: „Aber ob man wohl an die kleinen Kinder gedacht hat, als man darüber sprach, dass es absolut notwendig sei, dass dänische Ärzte die Behandlung deutscher Flüchtlinge verweigern?"[329] Die Erfahrungsberichte der Zeitzeugen im Hinblick auf die medizinische Unterstützung durch die Dänen variieren sehr und können kein eindeutiges objektives Urteil gewährleisten. Vielen dänischen Ärzten dürfte es moralisch schwergefallen sein, das Leid der Flüchtlinge zu ignorieren; manche konnten ihre Missgunst gegen die Deutschen jedoch nicht separat von dem Elend der Flüchtlinge betrachten. Einige dänische Ärzte verhielten sich den Flüchtlingen eventuell nicht aufgrund des Rundschreibens oder aus Missgunst gegen alles Deutsche zurückhaltend, sondern aus Angst vor Kollaborationen durch die weiterhin aktive dänische Widerstandsbewe-

---

326 Schultheiss 2009, S. 43.
327 Ebenda. Es folgten Verhandlungen mit Dr. Best, die Polizisten wurden Stück für Stück wieder nach Dänemark entlassen.
328 Versorgte im Krankenhaus Aarhus deutsche Flüchtlingskinder. Thorkild Frederiksen widersprach Lylloffs Position, indem er erklärte, der Hippokratische Eid sei eine persönliche Erklärung und damit irrelevant bei Absprachen zwischen Verbänden sowie zwischen Behörden, wie es bei den deutsch-dänischen Verhandlungen der Fall gewesen sei.
329 Zitiert nach Schultheiss 2009, S. 48. Brief vom 16. August 1945.

gung. Ob die Flüchtlinge nun den politischen Auseinandersetzungen zum Opfer gefallen waren oder die durch die Besatzungszeit bedingte Abneigung gegen Deutsche zu den vielen Todesfällen beigetragen hatte, bleibt ungeklärt. Feststeht jedoch, dass viele Flüchtlingskinder die Konsequenzen zu tragen hatten und Lylloffs Vorwürfe damit keinesfalls unberechtigt sind. Feststeht allerdings auch, dass die medizinische Versorgung der Flüchtlinge und daraus resultierend auch die Überlebenswahrscheinlichkeit für die Flüchtlingskinder sich mit der Kapitulation und mit der Errichtung der Flüchtlingsadministration unter Kjaerböl – zwar langsam, aber stetig – besserte. Dass dänische Ärzte sich ab diesem Zeitpunkt nicht genügend um kranke Flüchtlinge bemüht hätten, dürfte nur in Einzelfällen vorgekommen sein. Mix nennt einige Zeitzeugen, die versichern, in dänischen Krankenhäusern sehr gut versorgt worden zu seien.[330] Im Oktober 1945 betrug die Sterberate bei Säuglingen noch immer 30%.[331] Ursachen waren vor allem Infektionskrankheiten durch die beengten Platzverhältnisse. Von Juni 1945 an konnte allerdings ein Rückgang der Sterblichkeitsrate verzeichnet werden und die Sterblichkeit in den Lagern war nicht mehr nachweislich höher gelegen als die der dänischen Bevölkerung.[332]

4. Bildungsarbeit und Beschäftigung

Der Aufbau und vor allem der spätere Ausbau der vielseitigen Bildungsangebote in den Lagern zeugen von dem Engagement und Lebenswillen der Internierten, aber auch von der vielseitig erfahrenen Unterstützung durch die Dänen. Das Hauptaugenmerk liegt in diesem Kapitel auf der Planung und Errichtung des Schulsystems; daraus resultierend werden im anschließenden Kapitel „Tätigkeit" der Unterricht und damit einhergehend die Erfahrungen ehemaliger Schüler im Vordergrund stehen. Ergänzend wird dort auf weitere Bildungsangebote wie den Bestand der Lagerbibliotheken und die Bildungsmöglichkeiten an Volkshochschulen und Berufsschulen eingegangen. Auf-

---

330 Mix 2005, S. 125–126.
331 Ebenda, S. 125.
332 Langberg 1951, S. 26.

grund variierender Bedingungen in den Lagern und die subjektiven Erfahrungen der Flüchtlinge ist es nur möglich, Fragmente des Schulalltags wiederzugeben. Durch das unterschiedliche Engagement der jeweiligen Lehrer, Schüler und Ausbilder entstanden für die Zeitzeugen verschiedene Eindrücke. Auch Berufe konnten in den Lagern erlernt werden und es bestand eine allgemeine Arbeitspflicht. Dadurch stellten die Flüchtlinge eine Vielzahl an nützlichen Gegenständen selbst her.

4.1 Organisation

Kinder sind mindestens 6 Stunden täglich von den Flüchtlingen selber mit Unterricht oder Spielen unter Aufsicht zu beschäftigen.[333]

Aufgrund der vielen schulpflichtigen Kinder[334] in den Lagern und der Ungewissheit über die Dauer ihres weiteren Aufenthaltes mussten bereits vor der Kapitulation Maßnahmen getroffen werden, um einen möglichst produktiven Alltag zu gestalten. Aufgabe der Lagerinspektoren war es unter anderem die „generelle Stimmung" zu erspüren.[335] Die Anweisung war undifferenziert und doch bildete diese Aufgabe mit ein Grund dafür, Bildungsmöglichkeiten in den Lagern zu etablieren. Der psychisch instabilen Verfassung und in diesem Zusammenhang auch der oftmals gedrungenen Stimmung in den Lagern sollte durch diese Bildungsangebote entgegengewirkt werden. Durch einen angestrebten regulären Unterricht in den Lagern sollte den Kindern Normalität und die Fortführung des Schulalltags gewährleistet werden, während auch die Erwachsenen von diesem Vorhaben profitieren sollten. Der Aufbau des Schulunterrichts durchlief dabei mehrere Phasen. Die Kinder, die in der ersten Phase, von Februar bis Mai 1945, in Dänemark eingetroffen waren, wurden sehr behelfsmäßig von enga-

---

333 Ausgenommen von der folgenden Darstellung sind die Schulen, die mit ihren Lehrern gemeinsam aus Ostpreußen nach Dänemark geflohen waren, da diese über andere Voraussetzungen verfügten. Ordnungsreglement für deutsche Flüchtlinge Punkt 20. Anhang Abb. 15, S. 92.
334 Ipsen 2002, S. 35. Havrehed 1989, S. 174. Etwa 40% der Flüchtlinge waren schulpflichtig. Als schulpflichtig galten Kinder zwischen 7 und 14 Jahren.
335 Gammelgaard 2005, S. 73.

gierten Müttern oder ehemaligen deutschen Lehrern beaufsichtigt und nicht in erster Linie unterrichtet.[336] Die Initiative ging dabei von den Lehrern, der Wehrmacht und dem Deutschen Roten Kreuz aus; die Dänen fühlten sich zu diesem Zeitpunkt nicht verantwortlich für die Deutschen. Dies erwies sich als eine große Herausforderung für alle Beteiligten, deren Bewältigung abhängig war von dem Engagement der jeweiligen Lehrkraft.[337] Es gab durchaus die Bereitschaft, den Kindern möglichst guten Unterricht zuteilwerden zu lassen. Benno Hintz ist einer der Zeitzeugen, die sich mit Dankbarkeit an ihre Lehrer zurückerinnern:

> *Vielleicht sollte die Leistung der Lehrer an den Lagerschulen besonders gewürdigt werden. Unser Mathematiklehrer war ein ehemaliger Amtsrichter, sein Unterricht war besonders gut, weil er wohl sich selbst erst erinnern musste, wie das geht, was er uns beibringen wollte. Der Lateinlehrer war ein Professor namens Sommerfeld von der Universität Königberg; sein Unterricht war für uns Knirpse sicher etwas zu hoch. Schulbücher gab es keine, alles musste mit Bleistift aufgeschrieben werden. Papier war knapp. Viele Aufzeichnungen haben wir auf Toilettenpapier gemacht. Die glatte Seite war beschreibbar.*

Wie Benno Hintz es erwähnt, waren die Flüchtlinge und die deutsche Wehrmacht vor eine Reihe von Problemen gestellt: Es mangelte an Papier, Schreibutensilien, Schulbüchern, Kreide, Räumlichkeiten und vor allem an Lehrkräften. In den ersten Monaten waren viele der Flüchtlinge noch notdürftig in dänischen Schulen untergebracht und so gab es immerhin dort entsprechende Räumlichkeiten; dies war aber die Ausnahme von der Regel. Die Flüchtlinge, die in ehemaligen Wehrmachtslagern Zuflucht gefunden hatten, fanden häufig bessere Bedingungen in Form einer geregelten Infrastruktur vor.[338] Auf dem Bild „Skoleboern"[339] ist eine Schulklasse aus dem Durchgangslager „Marselis Boulevard" (1948) zu sehen. Sie setzt sich aus Mädchen und Jungen zusammen, was nicht an allen Schulen der Fall war. Deutlich wird auf diesem Foto auch das Räumlichkeitsproblem, die Kinder sitzen eng aneinander an einfachen Holzbänken; auch der letzte Sitzplatz

---

336 Der Unterricht verlief oft zwanglos und unkonventionell.
337 Zeitzeuge Benno Hintz.
338 Mix 2005, S. 137.
339 Anhang Abb. 5, S. 84.

wird benötigt. Da auf dem Foto nur ein Ausschnitt des Klassenzimmers zu sehen ist, können nur Vermutungen über die Schüleranzahl angestellt werden. Zu zählen sind auf diesem Ausschnitt allerdings mehr als zwanzig Kinder. Havrehed gibt die durchschnittliche Klassengröße mit 30 bis 50 Kindern an.[340] Bei den Klassenräumen handelte es sich meist um Baracken, die in größeren Lagern ganze Schulbezirke bildeten. Weil es jedoch noch immer eine zu begrenzte Anzahl an Räumlichkeiten gab, verteilte man den Unterricht auf den Vor- und den Nachmittag. Wie es auch aus dem Foto hervorgeht, war die Ausstattung der Räume sehr schlicht: Sie bestanden aus einfachen Holzbänken und – stühlen und ungeschmückten Wänden. Wie Mix anführt gab es noch ein Lehrerpult und einen Ofen[341], auf dem Bild ist dies aber wahrscheinlich aufgrund des Winkels nicht zu sehen.

Dennoch trugen die Anfänge des Schulsystems den Charakter der Vorläufigkeit und häufig mussten die Lehrer aus den gegebenen Umständen heraus improvisieren, wie bei dem herrschenden Papiermangel, den Benno Hintz anspricht. Die Lösung, Toilettenpapier zu verwenden, nennen auch Labinsky und Mix.[342] Das größte Problem blieb jedoch der Mangel an geeigneten Lehrkräften, denn obwohl sich unter den Flüchtlingen auch ausgebildete Lehrer befanden, waren es derer angesichts der hohen Kinderanzahl bei weitem zu wenige. Benno Hintz gibt einen Einblick in die provisorische Bewältigung dieses Problems, indem er seinem Mathematiklehrer gedenkt, der zuvor Amtsrichter gewesen war. Gammelgaard führt an, dass im Lager Aalborg-Ost die Hälfte der Lehrer keine pädagogische Ausbildung besaß und dass es nicht ungewöhnlich war, dass die Kinder und Jugendlichen von Erwachsenen mit „irgendeiner Fachausbildung" unterrichtet wurden.[343] Das von Gammelgaard angeführte Beispiel spiegelt die Improvisationskunst in den Lagern treffend wider. Benno Hintz' Erinnerungen decken sich dabei mit denen einiger Zeitzeugen, die Mix anführt.[344] Eine Pensionsgrenze gab es damals und auch in späteren Jahren

---

340 Havrehed 1989, S. 179.
341 Mix 2005, S. 142.
342 Ebenda, S. 144.
343 Gammelgaard 1997, S. 61–62.
344 Mix 2005, S. 140.

nicht.³⁴⁵ Viele Lehrer, die das betreffende Fach studiert hatten, bildeten unterdessen Hilfslehrer aus, um dem Mangel an Lehrpersonen entgegenzuwirken.³⁴⁶ In dieser Phase war es üblich, dass unter anderem interessierte Jugendliche den Lehrern hospitierten und diese dann in Folge dessen als Hilfskräfte ausgebildet werden konnten. Die Bewerbungen mussten allerdings begründet werden. Dies entsprach keiner professionellen Ausbildung, aber derartige Bildungsangebote hatte es bereits im April 1945 gegeben. Professor Hoffmann aus dem Lager Oksböl hatte diese Möglichkeit bereits zu dieser Zeit ins Leben gerufen und als am 1. März 1946 Herr Walter Schulze die Schulleitung in Oksböl übernahm, blieb Hoffmann weiterhin als Dozent tätig.³⁴⁷ Unter der Leitung Schulzes konnten angehende Lehrer in einem dreimonatigen Kursus ihre Qualifikation erhalten.³⁴⁸ Der Ablauf der Ausbildung war zeitaufwendig, aber logisch durchdacht; vormittags erhielten die Auszubildenden Unterricht in der Oberschule, nachmittags gaben sie selbst Stunden und abends besuchten sie ihre Seminare.³⁴⁹ Im Mittelpunkt ihrer Ausbildung standen die Fächer Mathematik und Deutsch sowie Pädagogik und viele arbeiteten später in Deutschland als Pädagogen. Diese Darstellung bezieht sich nur auf das Lager Oksböl, in anderen Lagern wird der Ablauf der Ausbildung ähnlich gewesen sein, dies vermutet Mix.

Nach der Kapitulation änderten sich die Verhältnisse; zum einen mussten die Flüchtlinge, die in dänischen Schulen untergebracht worden waren, in andere Lager umziehen, zum anderen war die Verantwortung für die Flüchtlinge auf die Dänen übergegangen. Ebenso wie für die Errichtung eines Gesundheitssystems benötigten die dänischen Behörden nun Zeit, um ein Schulsystem zu etablieren. In dieser zweiten Phase, die von Mai bis zu der Errichtung der Flüchtlingsadministration unter Kjaerböl im September 1945 andauerte, herrschte eine

---

345 Ebenda.
346 Havrehed 1989, S. 173–177. Unter der Leitung der Dänen nahm diese Ausbildung schließlich eine umfassendere Gestalt an. Es handelte sich dabei um ehemalige Angestellte der Deutschen Reichsbahn, Zahnärzte, Ingenieure und Kriegswitwen. Diese Ausbildungen dauerten zwischen drei Monaten und neun Monaten.
347 Mix 2005, S. 141. Ipsen, S. 35.
348 Mix 2005, S. 141. In den drei Monaten wurden 18 Hilfslehrer ausgebildet.
349 Ebenda.

unruhige Zeit, dennoch gab es diesbezügliche Anweisungen. Damit wird sich auf das oben angeführte Zitat zurückbezogen. Bei dieser Anweisung handelt es sich um den Punkt 20 aus dem Ordnungsreglement für die deutschen Flüchtlinge, erlassen vom dänischen Arbeits- und Sozialministerium im Juli 1945. Alle Flüchtlinge, aber insbesondere die Kinder und Jugendlichen, mussten beschäftigt werden und die Zeit in den Lagern sollte intensiv und vor allem effektiv genutzt werden. Dabei ging es den Dänen vor allem darum, nationalsozialistischer Gesinnung mittels Bildung entgegenzuwirken.[350] Es war mit dem demokratischen Grundgedanken nicht vereinbar, dass die Flüchtlinge sich selbst überlassen blieben. Einig waren sich die dänischen Behörden auch darüber, dass die Flüchtlingskinder nach dänischen Lehrplänen von deutschen Lehrern unterrichtet werden sollten. Wegen des Lehrermangels erwies sich die Umsetzung allerdings als schwierig. Erschwerend hinzu kam die Befürchtung der Dänen, unter den deutschen Lehrern könnten sich Personen mit nationalsozialistischem Gedankengut befinden,[351] denn der Unterricht sollte nach demokratischen Prinzipien erfolgen, die die Kinder des ehemaligen Deutschen Reiches zu anständigen Menschen im Sinne der Demokratie erziehen sollten.[352] In den ersten Monaten des Jahres 1945 war es des Öfteren vorgekommen, dass von der Wehrmacht nationalsozialistisch gesinnte Lagerleiter oder Lehrer zum Unterrichten eingesetzt worden waren.[353] Die Dänen positionierten sich mit ihrer Forderung nach einer demokratischen Erziehung in den Lagern eindeutig und verhielten sich so vor allem den deutschen Kindern und Jugendlichen gegenüber verantwortungsbewusst und vorausschauend. Da die Entnazifizierung sich als eine große Herausforderung herausstellte, mussten Schulen, Volkshochschulen, Studienkreise und andere Bildungseinrichtungen wie beispielsweise Bibliotheken aus den ehemaligen Wehrmachtslagern von Grund auf neu aufgebaut werden. Auf den Bestand der Bibliothe-

---

350 Havrehed, S. 175–176.
351 Ipsen 2002, S. 15. Für die Dänen erwies es sich als schwierig, die Deutschen dahingehend einzuschätzen. Man verließ sich daher notdürftig auf verschiedene Zeugenaussagen über die Gesinnung.
352 Tagebuch Luzie Klinger. Eintrag vom 23. Oktober 1945. „Nachtrag für Dienstag den 23.10.1945. War abends zu Elternversammlung von der Schule. Wurde uns ans Herz gelegt, die Kinder zu anständigen Menschen zu erziehen."
353 Havrehed 1989, S. 175.

ken ebenso wie auf weitere Bildungsangebote wird sich nachfolgend bezogen. Die höchst wichtige Aufgabe, Jugendliche im Alter von 14–20 Jahren, die im Deutschen Reich in der Hitlerjugend oder bei dem Bund Deutscher Mädels engagiert gewesen waren und in deutschen Schulen noch im Sinne der nationalsozialistischen Ideologie erzogen worden waren, politisch zu erziehen, fiel dem Ausschuss für Kultur, Bildung und politische Aufklärung zu.[354]

Die dritte und längste Phase begann nahezu zeitgleich mit dem Erlass des Ordnungsreglements im Juli 1945. Um Punkt 20 erfüllen zu können, unterstützten dänische Lagerleiter die deutschen Lehrer, deren Hilfslehrer und Kindergärtner dabei, die Flüchtlingskinder zu unterrichten.[355] In den folgenden Monaten arbeiteten die Beamten der dänischen Schulbehörden die Leitlinien aus, nach welchen die Flüchtlingskinder beaufsichtigt und gelehrt werden sollten. Eine Schulpflicht bestand erst ab 1946 für alle Kinder und Jugendlichen bis zum einschließlich 20. Lebensjahr. Von dänischer Seite aus hatte der Reichstagsabgeordnete Poul Hansen sich intensiv um die Beschäftigung der jugendlichen Flüchtlinge bemüht, denn zuvor hatte man sich eher auf die Unterrichtung der Flüchtlingskinder fixiert und die Jugendlichen etwas vernachlässigt. Aus diesen Überlegungen ging der Aufbau von Berufsschulen für Jugendliche hervor und noch im selben Jahr entstand auch die neunjährige Volksschule nach Hamburger und Schleswig-Holsteinischem Vorbild.[356] Zur selben Zeit wurde für Ältere eine Art Volkshochschule oder Abendschule eingerichtet; auch die Möglichkeiten, das Gymnasium zu besuchen und die Reifeprüfung abzulegen waren gegeben. In Oksböl gab es sogar drei Gymnasien und jedes besaß ein eigenes Lehrerkollegium.[357] Die in Oksböl bereits 1945 abgenommenen Reifeprüfungen wurden in Deutschland anerkannt[358] und dies war auch das große Ziel des Schulbesuches in den Lagern: Den Schülern sollte es ermöglicht werden, in Deutschland innerhalb kürzester Zeit das Abitur nachzuholen beziehungsweise es dort anerkennen zu lassen. Der Schulamtsleiter aus Oksböl, Walter Schulze, hat-

---

354 Ebenda, S. 188. Dieser setzte sich am 2. November 1945 zusammen.
355 Ebenda, S. 175.
356 Mix 2005, S. 146.
357 Ipsen 2002, S. 35.
358 Mix 2005, S. 145.

te sich mit dem Hamburger Schulamt in Verbindung gesetzt und die Genehmigung für die Reifeprüfungen unter der Bedingung erhalten, dass die Leistungen der Schüler den Vorgaben von vor 1933 entsprächen.[359] Bereits am 25. Oktober 1945 bildete sich ein Unterrichtsausschuss, dessen Aufgabe darin bestand, die Richtlinien des Unterrichts in den Lagern festzusetzen. In der Zusammensetzung des Unterrichtsausschusses spiegelt sich das demokratische und antinationalsozialistische Prinzip wider, dem der Unterricht in den Lagern folgen sollte: Zur Hälfte waren der Bevölkerung bekannte Dänen[360] vertreten, die andere Hälfte bildete sich aus deutschen Emigranten, die den „Flüchtlingsausschuß der deutschen antinazistischen Organisationen" gegründet hatten.[361] Dieser plädierte für Entnazifizierung, Aufklärung, Unterricht und vor allem für die Demokratisierung seiner Volksgenossen.

Der Ausschuss stand durch Rundschreiben in Verbindung mit den dänischen Lagerleitern und teilte ihnen auf diesem Wege mit, dass zum 1. Januar 1946 „sechs Inspektoren für den Unterricht berufen worden seien, von denen jeder für ein Gebiet des Landes zuständig sei."[362] Es war nun die Aufgabe dieser Inspektoren, für den Unterricht deutsche Lehrer einzustellen, sie pädagogisch zu beraten, den Unterricht zu beaufsichtigen und für Unterrichtsmaterial und Klassenräume zu sorgen.[363] Für die sechs größten Lager wurden ständige Lehrer eingesetzt. Bei den anstehenden „Entnazifizierungsgesprächen"[364] wurden rund 2.000 Lehrer und Hilfslehrer für geeignet befunden, die etwa 50.000 Schulkinder zu unterrichten. Da die Anzahl der Lager sich zu diesem Zeitpunkt stetig reduzierte, war auch die Anzahl der Inspekto-

---

359 Ebenda, S. 146. In Hamburg war die Reifeprüfung 1945 anerkannt worden.
360 Havrehed 1989, S. 178. Johannes Kjaerböl hatte den Vorsitz, dabei waren noch: Staatssekretär A. Barfod vom Unterrichtsministerium, Professor L. L. Hammerich, Mads Hvid (Chef der Polizeischule), Oberstudienrat Einar Matthiesen, Staatskonsulent im Unterrichtsministerium Johannes Novrup.
361 Havrehed 1989, S. 176.
362 Ebenda.
363 Ebenda, S. 177. Mix 2005, S. 140. Weil sie unmittelbar mit den Deutschen zusammen arbeiten mussten, wurden Inspektoren ausgewählt, die fließend Deutsch sprachen und auch mit der Kultur vertraut waren. Deshalb wählte man die Inspektoren aus Nordschleswig aus. Zu den Inspektoren hatten die meisten Deutschen ein gutes Verhältnis.
364 Begriff entnommen aus Havrehed 1989, S. 177. Es handelte sich dabei um Eignungsgespräche.

ren einem ständigen Wechsel unterworfen – man benötigte schon bald nicht mehr so viel Personal. Der Unterricht wurde in monatlichen Sitzungen des Ausschusses diskutiert und protokolliert, um stets über dessen Qualität und Fortgang informiert zu sein. Die Lagerinspektoren hatten neben den deutschen Lehrkräften einen entscheidenden Anteil an der erfolgreichen Etablierung des Schulsystems. Den meisten Schülern gelang es später in Deutschland, im Unterricht gut mitzukommen. Dies zeigt den großen Verdienst der Lagerschulen.

4.2 Tätigkeiten

Diese Zeugnisse[365] stammen von Agnes Sauermann und wurden mir von ihrem Sohn Volker Hippler zu Verfügung gestellt. Im Januar 1945 war sie mit Mutter und Tante aus Königsberg geflohen und am 31. Januar 1945 mit dem Schiff nach Aarhus gekommen, im Frühjahr 1946 wurden sie nach Aalborg Ost I und II umgesiedelt. Ende 1948 siedelten sie nach Lübeck um. Die beigefügten Zeugnisse stammen aus der Lagerzeit in Aalborg Ost, wo Frau Sauermann eine rein deutsche Volksschule besuchte. Das erste Zeugnis zeigt die Noten aus der ersten Klasse (März 1948), das zweite zeigt die Noten des ersten Halbjahres im zweiten Schuljahr (Oktober 1948). 1948 war das Schulsystem bereits seit mehr als zwei Jahren erprobt worden und es hatte sich bewährt. Anhand dieser Quellen sollen die Tätigkeiten dargestellt werden, denen die Schüler[366] im Unterricht nachgingen. Anzumerken ist, dass diese Zeugnisse nur einen kleinen beispielhaften Einblick in die Tätigkeiten des Unterrichtes geben. In höheren Klassen und an anderen Schulformen erhielten die Schüler auch teils Unterricht in anderen Fächern. Frau Sauermanns Zeugnisse variieren im Hinblick auf die gelehrten Fächer jedoch auch schon in diesen wenigen Monaten des Jahres 1948. Im Zeugnis der ersten Klasse wurde sie nach Verhaltensmerkmalen benotet; Fleiß, Führung und Aufmerksamkeit. Im Zeugnis der zweiten Klasse fielen diese Punkte unter „Führung", „Schulbesuch" und „Fleiß", während die klassischen Fächer

---

365 Anhang Abb. 7 und 8, S. 85.
366 Beide Geschlechter sind enthalten.

der Grundschule hinzutraten: Gelehrt wurden Rechnen[367], Deutsch, Heimatkunde, Singen und Handschrift. Besonders für die Hilfslehrer mussten vom Unterrichtsausschuss Stoffpläne aufgestellt werden, an denen sie ihren Unterricht orientieren konnten. Die Lehrpläne und die Stoffverteilung variierten nach der jeweiligen Lagersituation und nach der Ungewissheit über die herrschende Schulsituation in Deutschland. Erst im Oktober 1946 wurde schließlich ein verbindlicher Stoffplan für alle Lagerschulen veröffentlicht.[368] Der Mangel an Lehrmaterial wurde bereits erwähnt, soll nun in seiner Bedeutung für den Unterricht an dieser Stelle weiter ausgeführt werden, während sich zugleich auf einen weiteren Aspekt der Bildungsmöglichkeiten im Lager bezogen wird. Um dem Mangel an Lehrbüchern entgegenzuwirken und um den Kindern das Lesen zu lehren, wurde sich mit dem Bestand aus den Lagerbibliotheken[369] geholfen. In ehemaligen Wehrmachtslagern waren viele deutschsprachige Bücher hinterlassen worden, die den Schülern beim Lesen als Material dienten. Nicht alle Bücher durften dabei Verwendung finden, um die 80% wurden von den dänischen Inspektoren wegen ihrer nationalsozialistischen Weltanschauung aussortiert.[370] Inge Bach erinnert sich an Mathebücher aus dem Dritten Reich, die ausgesondert worden waren und erwähnt auch, woher die Kinder teilweise ihre Schulbücher erhielten:

Da es hier Schulen gab im Lager Oksböl, mussten ja auch irgendwie Bücher beschafft werden, aus denen wir lernen konnten. Die alten Nazischulbücher waren auch nicht möglich, die konnte man nicht nehmen, weil ja allein schon im Rechenbuch für die Grundschulklassen dann die Waffen zusammengezählt wurden und ähnliches. (…) Die Lehrbücher kamen wohl soweit ich mich erinnern kann, zumindest hab ich welche gehabt, aus der Schweiz.[371]

---

367 In höheren Klassen wurde Mathematik gelehrt.
368 Mix 2005, S. 143. Für die naturwissenschaftlichen Fächer wurde ein eigener Plan mit didaktischen und pädagogischen Hinweisen erstellt.
369 In jedem größeren Lager gab es Bibliotheken.
370 Havrehed 1989, S. 180.
371 http://oksbol1945-49.dk/dk.php/daglig/pskole/sub/ib_skolelaererbog (Letzter Zugriff am 14. Juni 2015), Interview Inge Bach. Mix 2005, S. 155. Auch aus Schweden kamen Bücher.

Die aus der Schweiz stammenden Bücher werden auch bei Mix[372] berücksichtig, sie finden bei Gammelgaard und Havrehed jedoch keine Erwähnung. Anzunehmen ist, dass die meisten Lehrbücher aus Hinterlassenschaften der Wehrmacht stammten und nach gründlicher Prüfung durch die dänischen Inspektoren ihren Weg in die Lagerbibliotheken und die Schulen fanden. Die dänischen Behörden unternahmen allerlei Anstrengungen, um weitere deutschsprachige Literatur ausfindig zu machen. Es wurden zum Beispiel deutsche Volksbüchereien und die Büchereien der deutschen Minderheit beschlagnahmt; Vertreter dänischer Zentralbibliotheken und Volksbüchereien wurden damit beauftragt, deutsche Bücher für die Lager zu beschaffen.[373] Am 17. Oktober 1945 erließ das Arbeits- und Sozialministerium in Kopenhagen den Auftrag „Fibeln, Lesebücher und 100 000 Exemplare eines deutschen Liederbuches zu drucken."[374] Nicht nur die Schüler profitierten von den Lagerbibliotheken, auch viele der erwachsenen Flüchtlinge erfreuten sich an den Büchern, denn die Lust zu lesen war groß und die Flüchtlinge hatten nur wenige Bücher retten können. Inge Bach las ihren jüngeren Geschwistern und anderen Lagerkindern Geschichten wie „Emil und die Detektive" und „Nils Holgersson" vor, während sie für sich alleine lieber Werke wie „Marie Antoinette" von Stefan Zweig las.[375] Wie weit zeitgenössische Literatur im Unterricht Verwendung fand, bleibt offen.[376]

Für das Fach Mathematik allerdings wollten die dänischen Behörden aufgrund der mathematisch einheitlichen Gesetzte nicht die Kosten für deutsche Übersetzungen tragen. Deshalb übergab man den Schülern dänische Aufgabensammlungen, die mit einem deutsch-dänischen Wortverzeichnis versehen waren. Interessant ist hierbei, dass diese Wortverzeichnisse keinen Einblick in die dänische Sprache geben durften, denn die Dänen wollten nicht, dass die Flüchtlinge diese

---

372 Ebenda.
373 Havrehed 1989, S. 180. Mix 2005, S. 144.
374 Zitiert nach Mix 2005, S. 145. Dieses Liederbuch erfreute sich großer Beliebtheit.
375 http://oksbol1945-49.dk/dk.php/daglig/pfritid/sub/ib_fritidbiblio (Letzter Zugriff am 14. Juni 2015), Interview Inge Bach.
376 Mix 2005, S. 144–145.

Sprache lernten.[377] Unter anderem deshalb wurde der Unterricht von deutschen Lehrern abgehalten und Dänisch zu keinem Schulfach erklärt. Allerdings wurden Englisch und andere Sprachen wie Russisch, Französisch und Latein an den Volkshochschulen, aber teilweise auch an den Oberschulen angeboten.[378] Ruth Henkes Mutter hatte ihre Tochter zu einem Kursus in Englisch geschickt mit der Begründung „du solltest ja eigentlich bereits in der Oberschule sein".[379] Inge Bach, die eine Oberschule in Langå besuchte, erhielt Unterricht in Englisch und Latein und Ruth Henke bekam privaten Französischunterricht, weil ihr in Deutschland lebender Vater geschrieben hatte, die Schüler dort würden in der Schule Französisch lernen.[380] Es herrschte Ungewissheit darüber, welche Sprachen die Schüler in Deutschland lernten und welche die deutschen Kinder in Dänemark benötigten, um in ihrem Heimatland Anschluss zu finden.[381] Als problematisch erwiesen sich unterdessen auch die Fächer Religion und Geschichte, die in den Zeugnissen von Agnes Sauermann nicht aufgeführt sind.[382] Grund dafür könnte neben der Jahrgangsstufe die Kontroverse um die Aufnahme dieser Fächer in die Lehrpläne sein. In den Lagerbibliotheken allerdings waren religiöse Bücher durchaus vertreten, diese Information ist aus der Aussage Inge Bachs zu entnehmen: „Ich habe hier im Lager auch die Bibliothek fleißig benutzt. Es sind also meistens religiöse Bücher, die dann später aufbewahrt wurden."[383] Doch an den Schulen blieb dieses Fach umstritten. Grund für die Debatte war unter anderem die politische Situation in Deutschland. Die Deutsche Demokratische Republik forderte die strikte Separation von Staat und Kirche, dies geht aus einem Artikel aus den Deutschen Nachrichten des Jahres

---

377 Die Dänen wollten den Flüchtlingen keine Möglichkeit geben, sich in ihr Land zu integrieren. Sie fürchteten, dass diese sonst erwägen würden, dort zu bleiben.
378 Havrehed 1989, S. 174.
379 http://oksbol1945-49.dk/dk.php/daglig/pskole/sub/rh_skolekbh (Letzter Zugriff am 14. Juni 2015), Ruth Henke.
380 http://oksbol1945-49.dk/dk.php/daglig/pskole/sub/ib_skolelaerebog (Letzter Zugriff am 14. Juni 2015), Interview Inge Bach.
381 Mix 2005, S. 143.
382 Eventuell fiel Geschichte unter „Heimatkunde" oder war in diesem Fach zumindest teilweise vertreten.
383 http://oksbol1945-49.dk/dk.php/daglig/pfritid/sub/ib_fritidbiblio (Letzter Zugriff am 14. Juni 2015), Interview Inge Bach.

1946 hervor.[384] Dieser politisch motivierte Standpunkt setzte sich in Dänemark jedoch nicht durch, mit dem Ergebnis, dass die Regelungen zur Erteilung von Religionsunterricht in jedem Lager unterschiedlich waren. Walter Schulze integrierte das Fach Religion trotz der Debatte in die Ausbildung der Hilfslehrer.[385] Mix nennt zwei befreundete Hilfslehrerinnen, die sich irritiert zeigten bei dem Wechsel in ein anderes Lager. Zuvor hatten sie Religionsunterricht erteilen dürfen, in dem neuen Lager war dies nicht erlaubt. Havrehed erwähnt die Debatte um Religion im Schulkontext in seinem Werk nicht. Mit Rückbezug auf die Zeugnisse von Agnes Sauermann kann vermutet werden, dass in Aalborg entweder kein Religionsunterricht erteilt wurde oder dass die Schüler in den betreffenden Klassen noch zu jung waren, um ihn zu erhalten.

Die Diskussion um das Fach Geschichte jedoch gestaltete sich schwieriger und mit mehr Konfliktpotenzial. Es herrschte Unklarheit darüber, wie die jüngste Vergangenheit, aber auch die deutsche Geschichte in seinem Gesamtkontext dargestellt werden sollte. Viele der Lehrer hatten ihre Ausbildung vor 1933 absolviert und fragten sich, ob man an diesem Punkt wieder anknüpfen und die nationalsozialistische Zeit ausklammern könnte.[386] Mix greift einen „Lehrplan für den Geschichtsunterricht in den braunschweigischen Volks- und Mittelschulen" auf, der in Oksböl vervielfältigt worden war. Der Leiter des Schulwesens in besagtem Lager war Walter Schulze, der ursprünglich in Wolfenbüttel Lehrer gewesen war. Ob dieser Plan jedoch jemals in die Praxis umgesetzt wurde, ist nicht mehr nachweisbar. Es wurde beispielsweise erst 1948 auf den aus Oksböl stammenden Zeugnissen eine Note im Fach Geschichte vermerkt, ob diese sich an dem Lehrplan orientierten und ob dieser eventuell auch erst 1948 herausgegeben wurde, kann nicht eindeutig rekonstruiert werden. Aus Zeugnissen, die Mix vorlagen, geht allerdings hervor, dass dieses Fach unterrichtet worden ist. Dass es nicht in allen Zeugnissen unterschiedlicher Lager aufgeführt ist, führt er auf die Kontroverse aber auch auf den Lehrermangel zurück. Des Weiteren existiert auch eine Denkschrift über „die

---

384 Mix 2005, S. 141.
385 Ebenda.
386 Ebenda, S. 143.

Bedeutung der Erreichung einer völligen Umgestaltung der deutschen Lehrbücher", die sich insbesondere mit den Geschichtsbüchern befasst und einzig durch seine Existenz die herrschende Unklarheit über die Inhalte dieses Faches bestätigt. Peter Lehmann befasste sich ausgiebig mit dem Thema Geschichtsunterricht und kritisiert unter anderem das Geschichtsbuch, das vom Unterrichtsausschuss herausgegeben worden war. Seiner Ansicht nach vermittle dieses Buch alle Pauschalurteile und Verallgemeinerungen der deutschen Emigranten.[387] Jedoch vermutet Lehmann auch, dass dieses Lehrbuch nie im Unterricht verwendet wurde, da ihm keine diesbezüglichen Zeitzeugenaussagen vorlägen. Mix fällt aufgrund dieser unklaren Quellenbelege kein eindeutiges Urteil über den Inhalt des Geschichtsunterrichts in den Lagern. Havrehed und Gammelgaard haben der Kontroverse in ihren Werken keinen Raum gegeben.

Unterrichtet wurden die Schüler auch in naturwissenschaftlichen Fächern wie Physik und Chemie. Dabei kam der Mangel an Material wieder zum Tragen. Ruth Henke beklagt, dass es im Fach Chemie nicht möglich war, Experimente zu machen. Für Biologie allerdings konnten die Klassen in späteren Jahren Exkursionen unternehmen. Inge Bach erzählt, dass sie mit ihrer Klasse die Pflanzen aus dem „Naturkundlichen Lesebuch" in der Natur studierten.[388] Weitere Bildungsmöglichkeiten gab es an den Berufsschulen, dort hatten Jugendliche die Möglichkeit, eine Ausbildung im Lager zu beginnen und sich damit für einen Beruf in Deutschland zu qualifizieren. Mix bezieht sich auf Oksböl, wenn er den Ablauf in den Berufsschulen wiedergibt. Dort wurden 3.000 Jugendliche nach ihren Berufswünschen in Klassen zusammengefasst und jeden Abend drei Stunden unterrichtet.[389] Sie erhielten kaufmännische, handwerkliche und sogar landwirtschaftliche[390] Ausbildungen. Zahlenmäßig lagen die handwerklichen Berufe an der Spitze, gefolgt von den kaufmännischen. Zwar musste sich

---

[387] Ebenda.
[388] http://oksbol1945-49.dk/dk.php/daglig/pskole/sub/ib_skolenatur (Letzter Zugriff am 14. Juni 2015), Interview Inge Bach.
[389] Mix 2005, S. 146.
[390] Ebenda, S. 147. Da für viele Flüchtlinge weiterhin die Hoffnung bestand, auf ihren Heimathof zurückzukehren, wünschten sich viele sogar eine forstwirtschaftliche oder gärtnerische Ausbildung.

bei der kaufmännischen Ausbildung aufgrund der Umstände auf die theoretischen Aspekte beschränkt werden, jedoch waren diese sehr umfangreich. Neben Fächern wie Deutsch und Mathematik wurden auch Buchführung, kaufmännische Lehre und Wirtschaft angeboten. Für die landwirtschaftliche Ausbildung eigneten sich die Gärten und Bauernhöfe in Oksböl als praktische Übungsfelder. Diese Ausbildung hatte schon im Sommer 1945 vor der Einführung der Schulpflicht begonnen und umfasste eine große Anzahl an Unterrichtsfächern: Neben Deutsch, Rechnen und Erdkunde wurden die Auszubildenden in Ackerbaulehre, Tierzucht, Kleintierzucht, Pflanzenbau, Gartenbau, Obstbau und Bienenkunde unterrichtet. Berücksichtigung fanden sogar die Jugendlichen, die nur praktisch unterrichtet werden wollten oder konnten. Sie erhielten Unterweisungen im Nähen, Schneidern oder arbeiteten als Küchenhilfen. In kleineren Lagern war das Angebot weniger umfangreich, dennoch gab es auch dort die Möglichkeit, einen Beruf zu erlernen. In Grove arbeitete man an der Eröffnung einer Frauenfachschule, in der die Mädchen kochen und Hausarbeiten unter Anleitung lernen konnten.[391] Die dänische Verwaltung trug Sorge für die nötigen Gerätschaften und unterstützte so die Arbeit und Produktion in den Lagern.[392]

Zum Schutze der Flüchtlinge vor einem Lagerkoller und zur Sicherung des täglichen Betriebs bestand in den Lagern eine allgemeine Arbeitspflicht.[393] Luzie Klinger hielt im Juni 1945 fest: „Haben dort vom Professor und Pfarrer die ganze Arbeitseinteilung vernommen. Jede Frau und jeder Mann muss vom 14. Jahr bis 50 Jahre arbeiten, die Männer bis 65 Jahre."[394] Die im August 1945 geschlossene „Dienststelle für deutsche Flüchtlinge" hatte bereits mögliche Arbeiten für die Flüchtlinge vorgeschlagen, an denen Kjaerböl sich ab September 1945 orientieren konnte. Die Aufgaben beinhalteten das Reparieren von Schuhen und Kleidern, die Herstellung von orthopädischen Artikeln, Spielzeu-

---

391 Ebenda, S. 147.
392 Aus dem Kochunterricht entstanden zum Beispiel Lagerkochbücher.
393 Ipsen 2002, S. 29. Ausgenommen waren Schwangere, Mütter von Kleinkindern, Kriegsinvaliden, Nichtarbeitsfähige und Personen mit Versorgerpflicht.
394 Luzie Klinger Tagebuch. Eintrag vom 1. Juni 1945.

gen und Schuhen sowie das Stechen von Torf.[395] In Oksböl arbeiteten die Menschen unter anderem in folgenden Bereichen: Spinnerei, Besen- und Borstenbinderei, Korbmacherei, Straminnähstube, Buchbinderei, Instrumentenmacherei[396], allgemeine Werkstätten.[397] Auch außerhalb des Lagers wurden den Flüchtlingen Arbeitsmöglichkeiten geboten. In der Lagerordnung von Juli 1945 ist vermerkt, dass Arbeitstrupps zu Reinigungsaufgaben in anderen von Deutschen benutzten Gebäuden herangezogen werden konnten.[398] Begründet durch die Arbeitspflicht gingen viele Produktionen in den Lagern hervor. Luzie Klinger notierte optimistisch: „Heute den 15.06.1945 habe ich mich zum Leder bearbeiten gemeldet. Beständige Arbeit bis 12 Uhr, schöne Beschäftigung."[399] Frau Labinsky wiederum hatte ihre Taschen aus Pappresten selbst geflochten. Das Bild „Flettepiger" zeigt eine Gemeinschaft von Flüchtlingsfrauen beim Korbflechten.[400] Die Mütter von Walter Thurau und Ruth Henke arbeiteten in der Sacknäherei.[401] Dort wurden aus Säcken Schürzen, Kleider und sogar kleine Puppen[402] für die Kinder hergestellt. Die bekannte Autorin Agnes Miegel verfasste in ihrer Lagerzeit unter anderem Gedichte und Märchen[403], die in Buchbindereien mühsam vervielfältigt wurden.[404] Die Arbeit wurde

---

395 Havrehed 1989, S. 91. Ipsen 2002, S. 29. Da die Mehrzahl der Internierten Frauen waren, mussten sie die Arbeiten übernehmen, die sonst als Arbeit von Männern betrachtet wurden. Darunter fiel das Torfstechen.
396 Ipsen 2002, S. 34. Dort stellten acht Personen in einem Jahr etwa 70 Mandolinen und zehn Geigen her.
397 Ebenda. In den Werkstätten wurden Artikel zum täglichen Gebrauch hergestellt. Darunter fielen unter anderem: Unterrichtsmaterialien, Werkzeuge, Kinderwagen, Betten und Rollstühle. Alle Materialien wurden, sofern möglich, wiederverwendet.
398 Ordnungsreglement Anhang Abb. 15, S. 92.
399 Luzie Klinger Tagebuch. Sie arbeitete in einer Schuhfabrik: „18.08.1945 muss auch gleich arbeiten Schuhfabrik."
400 Anhang Abb. 2, S 82.
401 http://oksbol1945-49.dk/dk.php/kino/p/sub/ht_arbmor (Letzter Zugriff am 14. Juni 2015) Interview Walter Thurau.
402 http://oksbol1945-49.dk/dk.php/kino/p/sub/rh_arbsy (Letzter Zugriff am 14. Juni 2015) Ruth Henkes stellte solch kleine Puppen her.
403 Das Märchen „Krabbel" stammt von Agnes Miegel.
404 http://oksbol1945-49.dk/dk.php/kino/p/sub/ib_skolelaerebog (Letzter Zugriff am 14. Juni 2015), Buchbindereien werden von Inge Bach erwähnt.

nicht bezahlt, da die Flüchtlinge kein Geld besitzen durften.[405] Doch dies war unerheblich, da die Bildungsarbeit sowie die Produktionen in den Lagern dem Zweck dienten, den Flüchtlingen ein geregeltes Alltagsleben zu ermöglichen.

---

[405] Ipsen 2002, S. 29. Allerdings gab es hin und wieder Sonderzuteilungen.

V Zusammenfassung der Ergebnisse und Ausblick

Die Untersuchung hat gezeigt, dass Wurmbachs Behauptung bestätigt werden kann und Dänemark seiner Verantwortung im außergewöhnlichen Maße nachgekommen ist. Die Grundversorgung in Form von Nahrung, Wohnverhältnissen und Kleidung bildete die Basis für ein abgesichertes Leben unter dänischer Obhut. Bis zur Kapitulation kauften die Flüchtlinge sogar selbst in dänischen Geschäften ein und lebten bereits zu dieser Zeit auf Kosten des dänischen Staates. Auch nach der Kapitulation war die Ernährung deutlich besser als im angrenzenden Heimatland und die Flüchtlinge mussten keinen Hunger leiden. Vielmehr entsprach die den Flüchtlingen zugestandene Kalorienmenge sogar in etwa der der Dänen. Diese Tatsache demonstriert die humane Haltung der Flüchtlingsverwaltung gegenüber den unerwünschten Flüchtlingen. Besonders im Hinblick auf die historische Ausgangslage ist es bemerkenswert, dass Dänemark sich in einem über die Grundversorgung erhabenen Maße um das Wohl der Flüchtlinge sorgte. Sie erhielten nicht nur ausreichend zu essen, sondern ebenso Zusatzverpflegungen für Arbeit oder Feiertage und sogar besondere gesundheitliche Bedürfnisse fanden Berücksichtigung. Die Anpassung der Kalorienanzahl zeigt, dass den Dänen an der ausreichenden Versorgung der Flüchtlinge gelegen war.

Schwieriger gestaltete sich die angemessene Unterkunft der Internierten. Die Unterbringung in den Pferdebaracken empfanden viele Flüchtlinge als eine Zumutung, ebenso wie die Bewachung durch bewaffnete Polizisten. In Anbetracht der politischen und emotionalen Position, in der sich Dänemark nach der Kapitulation befand, schien es jedoch unmöglich, den Flüchtlingen zu gestatten, sich frei im Land zu bewegen. Die Dänen befürchteten Gewalt, Prostitution, Bettelei und Schwarzhandel und sahen die Internierung als einzige verbleibende Lösung. Die Maßnahme, die Flüchtlinge durch bewaffnetes Personal bewachen zu lassen, erscheint allerdings übertrieben

V Zusammenfassung der Ergebnisse und Ausblick

und muss kritisiert werden. Die Internierten waren wie Labinsky es treffend formulierte „keine Sträflinge", fühlten sich aber durch die Wohnverhältnisse oftmals als solche behandelt. Diese waren in vielen Fällen primitiv und die hygienischen Voraussetzungen im Hinblick auf die hohe Anzahl an Menschen nicht immer gegeben, dennoch beeindruckt der von dänischer Seite betriebene Aufwand. In nur wenigen Monaten ist es der Flüchtlingsverwaltung gelungen, die beträchtliche Anzahl von 250.000 Flüchtlingen nach bestmöglichen Kriterien unterzubringen. Klagen der Flüchtlinge über die kalten Winter und das Ungeziefer in den Baracken sowie über die engen Platzverhältnisse sind zwar verständlich, aber waren angesichts der Extremsituation nicht zu vermeiden. Hervorgehoben werden muss, dass Dänemark zwar schwedische Unterstützung erhielt, den Großteil der Baracken und nötigen Utensilien aber selbst bezahlte, ohne zu wissen, ob es das Geld zurückerhalten würde. Gemessen an den gegebenen Umständen hatte die dänische Verwaltung keine andere Möglichkeit als die Tausenden Flüchtlinge in engen Verhältnissen leben zu lassen. Dass sich von dänischer Seite aus dennoch darum bemüht wurde, Familien, Bekannte oder zumindest Landsleute und Menschen mit gemeinsamen Interessen zusammenwohnen zu lassen, demonstriert abermals die Humanität und Sensibilität der dänischen Verwaltung. Die fehlende oder mangelhafte Bekleidung der Flüchtlinge ist eine den Umständen geschuldete Tatsache, der die dänischen Behörden mit Bedacht durch die Einrichtung von Nähstuben in den Lagern und mit Hilfe von Spenden entgegenzuwirken versuchten. Als kontroverses Thema und großer Kritikpunkt an der Leistung der dänischen Verwaltung geht aus der Untersuchung die Gesundheitsfürsorge hervor. Obgleich sich aufgrund der Quellenlage einer Stellungnahme enthalten wird, ist das Rundschreiben vom 25. März 1945 ein Faktum, das ebenso wenig wie die Todesfälle bestritten werden kann. Das Rundschreiben demonstriert, dass es zumindest den Ansatz einer verweigerten Hilfeleistung gegeben haben muss, auch wenn nicht exakt nachgewiesen werden kann, inwieweit diese tatsächlich stattgefunden hat. Die bisher vertretende Auffassung, der Großteil der Kinder sei unmittelbar vor oder nach der Kapitulation verstorben, muss revidiert werden. Tausende von Kindern verstarben im Jahr 1945 weiterhin an den Folgen von Mangelernährung, Infektionen, unhygienischen Zuständen und teils mangelhafter ärztlicher Betreuung. Die Debatte, die Kirsten Lylloff durch ihren Artikel auslöste, zeigt darüber hinaus, dass die Dänen sich mit dieser Thematik nicht auseinandersetzen wollen. Dass ihre Untersuchungen behindert wurden, bestätigt diese These.

Eine zweifellos herausragende Leistung der dänischen Behörden stellt hingegen der Aufbau der vielen Bildungsangebote und eines beruflichen Lebens dar, das besonders aufgrund der primitiven Verhältnisse noch heute beeindruckt. In wenigen Monaten war es gelungen, den Internierten ein sinnvoll strukturiertes Alltagsleben zu ermöglichen, das erfüllt war von Schule, Arbeit und Ausbildung und dem psychischen Stress produktiv entgegenwirkte. Darüber hinaus wurden die Flüchtlinge somit erfolgreich auf ihr zukünftiges Leben außerhalb Dänemarks vorbereitet. Insbesondere die demokratische Grunderziehung in der Schule trug in ihrer Weitsicht zur Integration in eine fortan demokratische Gesellschaft bei. Die Gewährleistung der Bildungsangebote und Beschäftigungsmöglichkeiten in den Lagern überstieg die Anforderungen an die Dänen um ein Vielfaches und verdient deshalb besondere Beachtung, auch wenn es zu großen Teilen der Vermeidung von Unruhen dienen sollte. Insgesamt war der Einsatz Dänemarks für die ihnen aufgezwungenen Flüchtlinge auf unbestimmte Zeit mit nur knappen Mitteln umfassend und aufwendig bewältigt worden und erhielt in Folge dessen von der internationalen Presse ebenso wie von der Bundesrepublik Deutschland große Anerkennung. Auf der Londoner Konferenz im Jahre 1952 traten Dänemark und die Vertreter der Bundesrepublik Deutschland schließlich wegen möglicher Rückerstattungen der Kosten in Verhandlung, für die Dänemark in den Jahren 1945-1949 aufgekommen war. Dänemark gab eine Summe von 430 Millionen Kronen an. 1953 resultierten die Verhandlungen schließlich in dem „Abkommen zwischen der Bundesrepublik Deutschland und dem Königreich Dänemark über die Erstattung der Aufwendungen in Verbindung mit dem Aufenthalt deutscher Flüchtlinge in Dänemark von 1945-1949".[406] In diesem Vertrag wurde ein zu erstattender Betrag von 160 Millionen Kronen festgelegt, den die Bundesrepublik Deutschland in Raten an Dänemark zahlen sollte. Bei der Festsetzung dieser Summe wurde die Aufbauphase in Deutschland berücksichtigt;

---

406 Havrehed 1989, S. 312.

daher gleicht sie eher einer symbolischen Geste des Dankes und der Anerkennung an den dänischen Staat. Die Deutsche Demokratische Republik dagegen enthielt sich den Verhandlungen mit Dänemark über mögliche Rückerstattungen von entstandenen Kosten und auch die Verhandlungen über die Repatriierungen gestalteten sich mit der Sowjetunion schwierig. Die letzten Flüchtlinge verließen Dänemark im Februar 1949 nach vierjähriger Internierung. Zu Beginn hatten viele der Flüchtlinge die Schuld für ihren langandauernden Aufenthalt bei den dänischen Behörden gesucht. Die Entscheidung über die Dauer der Internierung war jedoch den Alliierten, allen voran den Briten, vorbehalten, mit denen Dänemarks Außenminister Gustav Rasmussen in Verhandlungen stand. Die Briten fungierten als Vermittler zwischen Dänemark und der Sowjetunion, die sich schließlich bereit erklärte, einen Teil der Deutschen in ihrer Besatzungszone aufzunehmen. Im Jahr 1947 begann die Repatriierung Tausender von Flüchtlingen in alle vier Besatzungszonen Deutschlands und bereits 1948 war sie zum großen Teil abgeschlossen. Zwischen dem 1. November 1946 und dem 15. Februar 1948 kehrten 147.855 Flüchtlinge nach Deutschland zurück. Die Französische Zone nahm dabei am meisten auf (51.045), gefolgt von der Britischen (44.377) und der Sowjetischen (36.001). Den Abschluss bildete die amerikanische Zone mit der Aufnahme von 14.817 Flüchtlingen.[407] Im Rahmen von inoffiziellen Repatriierungen waren schon vor dem ersten Flüchtlingstransport nach Deutschland im November 1946 etwa 50.000 als „Wehrmachtsgefolge" deklarierte Deutsche ausgereist. Diese Bezeichnung umfasste unter anderem Soldaten, Zivilarbeiter und Reinigungskräfte. Ab November 1946 erfolgte schrittweise die Repatriierung der übrigen 200.000 Flüchtlinge über das Durchgangslager Kolding, die am 25. Februar 1949 abgeschlossen war. Die ostpreußischen Flüchtlinge kehrten somit zwar nach Deutschland, aber nicht in ihre angestammte Heimat zurück und mussten die Herausforderung der Integration bewältigen. Ein Großteil war glücklich darüber, wieder in Deutschland zu sein, doch das neue Leben war besonders zu Anfang auch von Enttäuschungen begleitet. Von der deutschen Bevölkerung wurden die Flüchtlinge häufig als Ausländer wahrgenommen und be-

---

407 Olesen 2007, S. 264.

zeichnet. Die Sehnsucht nach Ostpreußen bestand bei vielen ein Leben lang fort und vermittelte ihnen zeitlebens das Gefühl Fremde in ihrem eigenen Land zu sein.[408]

---

[408] Mix 2005, S. 201–217.

Quellen- und Literaturverzeichnis

Unedierte Quellen

Stadtarchiv Flensburg – Rep. Nr. XII HS 2173 (Vertreibung und Flucht 1944ff.)

Brief Erna Lindner vom 20. Januar 1986.
Brief Eva Rehs, ohne Datum.
Brief Gerda Dorow, ohne Datum.
Brief Gerda Paulsen vom 17. Januar 1986.
Brief Hannelore Beck, ohne Datum.
Brief Käthe Hantke vom 4. Februar 1986.

Unedierte Tagebücher und Briefe (Privatbesitz)

Tagebuch und Briefe Labinsky.
Tagebuch Luzie Klinger.

Sammlung Galenski

Bericht Benno Hintz.
Bericht Gisela Rothe-Ewert.

Korrespondenz

Bericht Olaf Nielsen.
Bericht Agnes Sauermann.

Internetquellen

Zeitzeugenbericht Inge Bach.
http://oksbol1945-49.dk/dk.php/daglig/pliv_dod/sub/ib_sygdom (Letzter Zugriff am 14. Juni 2015).
http://oksbol1945-49.dk/dk.php/daglig/pskole/sub/ib_skolelaerebog (Letzter Zugriff am 14. Juni 2015).
http://oksbol1945-49.dk/dk.php/daglig/pfritid/sub/ib_fritidbiblio (Letzter Zugriff am 14. Juni 2015).
Zeitzeugenbericht Ruth Henke.
http://oksbol194549.dk/dk.php/site/personligberetning/eine_verkehrte_weltp://oksbol1945 49.dk/dk.php/daglig/pskole/sub/ib_skolenatur (Letzter Zugriff am 14. Juni 2015).
http://oksbol1945-49.dk/dk.php/daglig/pskole/sub/rh_skolekbh (Letzter Zugriff am 14. Juni 2015).
http://oksbol1945-49.dk/dk.php/kino/p/sub/rh_arbsy (Letzter Zugriff am 14. Juni 2015).
http://www.smixx.de/ra/Links_U-Z/hlko.pdf. Artikel 20 Haager Kriegsordnung.

Literatur

Ay, Erwin: Rettende Ufer. Von Ostpreußen nach Dänemark, Norderstedt[2] 2005.

Beer, Mathias: Die Vertreibung der Deutschen. Ursachen, Ablauf, Folgen, in: Surminski, Arno: Flucht und Vertreibung. Europa zwischen 1939 und 1948. Mit einer Einleitung von Arno Surminski, Hamburg 2012.

Böddeker, Günter: Die Flüchtlinge. Die Vertreibung der Deutschen aus dem Osten, München u.a. 1980.

Carstens, Uwe: Das Problem deutscher Flüchtlinge in Dänemark: Am Beispiel des Lagers Oksböl, Marburg 1995. Sonderdruck aus: Jahrbuch für Deutsche und osteuropäische Volkskunde / hrsg. von Heike Müns und Theodor Kohlmann Bd. 38 (1995), S. 80–102.

de Zayas, Alfred M.: Die Anglo-Amerikaner und die Vertreibung der Deutschen. Vorgeschichte, Verlauf, Folgen, München 1977.

Ehrenburg, Ilja: Der Krieg. Война. 3 Bände: Juli 1941-April 1942. April 1942-März 1943. April 1943-März 1944. Bd. 2, Moskau 1942–1944. Bd. 2.

Faulenbach, Bernd, Helle, Andreas (Hg.), Zwangsmigration in Europa. Zur wissenschaftlichen und politischen Auseinandersetzung um die Vertreibung der Deutschen aus dem Osten, Essen 2005.

Findeisen, Jörg-Peter (Hg.), Dänemark. Von den Anfängen bis zur Gegenwart, Regensburg 1999.

Gammelgaard, Arne: Treibholz. Deutsche Flüchtlinge in Dänemark 1945-1949, Blåvandshuk Egnsmuseum 1993.

Gammelgaard, Arne: Ungeladene Gäste. Ostdeutsche Flüchtlinge in Dänemark 1945-1949, Leer 1997.

Gammelgaard, Arne: Auf Führerbefehl in Dänemark – Deutsche Flüchtlinge in Dänemark1945-1949, Museet for Varde By og Omegn 2005.

Havrehed, Henrik: Die deutschen Flüchtlinge in Dänemark 1945-1949, Heide 1989.

Hoppe, Bert: Auf den Trümmern von Königsberg. Kaliningrad 1946-1970, in: Schriftreihe der Vierteljahreshefte für Zeitgeschichte, Bd. 80, München 2000, S. 19-73.

Ipsen, Leif Guldmann: Menschen hinter Stacheldraht, Flüchtlingslager in Oksböl 1945-1949, O. O. 2002.

Jacobsen, Hans Henrik: Flüchtlinge in einem fremden Land: Aus Ostpreußen nach Dänemark, Herning 1992.

Kock, Gerhard: „Der Führer sorgt für unsere Kinder" – Die Kinderlandverschickung im Zweiten Weltkrieg, Paderborn 1997.

Lylloff, Kirsten: „Kan lægeløftet gradbøjes? Dødsfald blandt og lægehjælp til de tyske flygtninge i Danmark 1945", in: Historisk Tidsskrift 99 (1999), S. 33-68.

Langberg, Knud: Flüchtlingsleben in Dänemark, Stuttgart 1951.

Mix, Karl-Georg: Deutsche Flüchtlinge in Dänemark 1945-1949, Stuttgart 2005 (= Historische Mitteilungen im Auftrag der Ranke-Gesellschaft Band 59).

Olesen, Jens E.: Flucht, Internierung und Isolation. Aspekte dänischer Flüchtlingspolitik 1945-1949, in: Bohn, Robert, Wegener Friis, Thomas, Scholz, Michael F. (Hg.), Østersøområdet – fra Anden Verdenskrig til den Kolde Krig, Middelfart 2007, S. 244-267.

Petrick, Fritz: „Deutsche ‚Flüchtlinge' in Dänemark Februar 1945-Februar 1949", in: Petrick, Fritz (Hg.), Kapitulation und Befreiung. Das Ende des Zweiten Weltkriegs in Europa, Münster 1997.

Salewski, Michael: Das Wesentliche von „Weserübung", in: Bohn, Robert (Hg.), Neutralität und totalitäre Aggression. Nordeuropa und die Großmächte im Zweiten Weltkrieg, Stuttgart 1991 (= Historische Mitteilungen, Im Auftrage der Ranke-Gesellschaft, Vereinigung für Geschichten im öffentlichen Leben e. V., herausgegeben von Michael Salewski und Jürgen Elvert, Beiheft 1), S. 117-129.

Schön, Heinz: Flucht über die Ostsee: Die größte Rettungsaktion der Seegeschichte, in: Surminski, Arno: Flucht und Vertreibung. Europa zwischen 1939 und 1948. Mit einer Einleitung von Arno Surminski, Hamburg 2012.

Schön, Heinz: Die letzte Fahrt der Wilhelm Gustloff. Dokumentation eines Überlebenden, Stuttgart 2008.

Schultheiss, Michael: „Ob man an die kleinen Kinder gedacht hat...? Die Verhandlungen über medizinische Hilfe für deutsche Flüchtlinge in Dänemark am Ende des Zweiten Weltkriegs, In: NORDEUROPAforum (2009:2), S. 37–59. http://edoc.hu-berlin.de/nordeuropaforum/2009-2/schultheiss-michael-37/PDF/schultheiss.pdf (Letzter Abruf: 14. Juni 2015).

Völklein, Ulrich (Hg.): Flucht und Vertreibung östlich von Oder und Neiße, in, „Mitleid war von niemand zu erwarten". Das Schicksal der Vertriebenen, München 2005.

Zeidler, Manfred: Flucht und Vertreibung der Deutschen aus Ostpreußen, Westpreußen, Danzig, dem Warthegau und Hinterpommern, in: Surminski, Arno: Flucht und Vertreibung. Europa zwischen 1939 und 1948. Mit einer Einleitung von Arno Surminski, Hamburg 2012.

Anhang

Den Anhang finden Sie online unter dem folgenden Link:
https://www.nomos-shop.de/tectum/titel/deutsche-fluechtlinge-aus-ostpreussen-in-daenemark-1945-1949-id-115829/